語彙力(ごいりょく)がないまま社会人になってしまった人へ

大東文化大学文学部准教授
山口謠司

WANI BOOKS

はじめに

◉社会人としてのレベルを、語彙力で測られる現実がある

社会人としてふさわしい言葉づかいをする。実は、これこそが何よりもまず重要なことなのではないか、と私はつくづく感じています。

モノの言い方ひとつで、社会人としての評価が決まってしまうということは、私だけではなく誰もが経験則として実感しているのではないでしょうか。

あなたがどんなに能力がある人でも、稚拙な表現をしていたり、思慮の浅そうな表現をしてしまえば、社会人としてのレベルを低く見積もられてしまうからです。

仕事の力量があるかないかということ以前に、言葉の理解力や、使う言葉といった語彙力で、ある程度あなたの評価が決まってしまうのです。

人を評価するときには、仕事の能力、人間的な魅力など、様々な要素を総合して評

価するべきなのですが、大人の世界ではそういう現実があるのです。

語彙力が欠けているというだけで評価を下げ、つまずいたり、軽く扱われてしまうのは大変もったいないことです。

だからこそ本書では、「できる人が物事を理解するために押さえている語彙」「社会人としての知性と教養を感じさせる語彙」を一気に身につけていただくことをテーマとしています。

◉知性と教養は、話のはしばしに表れる

たとえば、「代替案（だいたいあん）を考えます」というのを、「だいがえあんを考えます」と言ってしまえば、知性を疑われますし、仕事相手は不安になってしまいます。

また、人をほめるときの言葉にしても、「頭がいいですね」では、上から目線でモノを言う人だなどと印象を悪くしてしまうこともありますし、「頭がいいですね」と言われて素直に受け取れるのは、高校生くらいまでではないでしょうか。「頭がいい」という言葉は、「機知（きち）に富む」などの表現に言い換えたほうがいいのです。

また、仕事相手が話している言葉を理解できなければ、それは空気として伝わり、

あなたの評価を下げてしまいます。

言葉というものは、便利である反面、怖いものでもあるのです。知性と教養を兼ね備える言葉を選び、その場その場でふさわしい言葉をうまく使う必要があります。

「頭の中にある考えを、的確に短く表現し、わかりやすく相手に伝える、説明する」「話や文章を理解する」「コミュニケーションを円滑に進める」「企画書やプレゼンの資料作成で社会人としてふさわしい表現をする」「魅力的な言葉で人を動かす」……。

言葉を理解し、使いこなす技術がなければ、できる社会人としての条件を満たしているとは言えません。

だからこそ、「この人、できる！」と感じてもらえるような語彙を、身につけてしまいましょう。

「日本語は難しい」とよく言われます。きちんと使いこなせているのかどうか、なかなか自分でそれを確かめることもできません。

子供の頃ならともかく、社会人になってしまうと「君の言葉の使い方、おかしいよ」「話を理解するために、もっと言葉を覚えたほうがいいよ」とアドバイスしてくれる人もなかなかいなくなります。

間違った言葉の使い方を覚えて、それを使っているとしたら、陰で笑われてしまう可能性もあります。あるいは、言葉のいき違いによって、話がこじれビジネスがうまくいかなくなってしまうこともあります。

言葉ひとつで、評価が変わり、その後の仕事人生も変わってしまうのです。

◉「最低限知っておけばいい51語」をおもしろく身につけよう！

本書には、毎日の社会生活の中でぜひ使ってほしいと思う言葉を、言葉の成り立ちや歴史から、「この言葉には、こんな意味があったのか」という具合におもしろく身につくように書きました。

就職活動をしている学生から、新入社員、ベテラン社員、経営陣の人々まで、役立つ内容になっています。

「社会人として、最低限知っておくべき知性と教養を感じさせる語彙」
「会議、プレゼン、交渉、打ち合わせをうまく進めている、伝え方や説明がうまい人が使っている語彙」
「理解力を高めるために押さえておくべき語彙」

はじめに

「よく聞くけどしっかり意味がわかっている人が少ない語彙や、そもそも間違って覚えていることが多い語彙」
「心の状態をうまく表し、伝える語彙」
「同音異義語や、地位がある人や年配の人が使う語彙」
などを、51個ご紹介しました。一冊で社会人としてふさわしい語彙力を身につけられるようになっています。また、**「どのようなことをすれば、語彙力をもっと高められるのか」**ということも私なりの方法で紹介させていただきました。

我が国を訪れる外国人観光客が年々増えてきていますが、多くの人が決まって口にするのが、「日本人は本当に優しい」「日本人は礼儀正しい」という言葉です。英語では「ジャパニーズ・ホスピタリティ」と言われ、非常に高く評価されています。以前、アメリカのオンライン旅行会社最大手の「エクスペディア」が発表した「エクスペディア・ベスト・ツーリスト」に世界最良の旅行者ランキングがありました。「世界各国のホテル従業員に対し、国別の観光客の印象を聞く調査」というものなのですが、これによれば日本人はどこの国へ行っても、「礼儀正しく」「行儀がよく」「ホテルで大騒ぎしたりすることもない」「クレーム・不平がない」と、世界トップの評価を受けているのです。

国内外で、このような評価を受ける日本人なのですから、これをもっと磨いていくことも考えていいのではないかと思います。

その第一歩となるのが、日々使う語彙です。

丁寧な言葉、優しい言葉、人をホッとさせる言葉、そんな言葉を使ってコミュニケーションを取るようにしていけば、日本は「和ホスピタリティ」の国という評判をさらに得ていくことになります。

言葉を大事にすることは、人を大切にすることにつながります。そして、言葉は、人の美しさ、人の凛々(りり)しさを外に示すための大事な「化粧」でもあります。

本書が、あなたの心の豊かさ、言葉の豊かさへの扉となることを望んでやみません。

このような一面も考えつつ、できる社会人としてふさわしい語彙力を身につけていきましょう。

山口謠司

語彙力がないまま社会人になってしまった人へ　目次

第三章

「会議」「プレゼン」「交渉」「打ち合わせ」で結果が出る便利な語彙

伝え方がうまい人、説明がわかりやすい人、理解力が高い人

第四章

よく聞くけど、しっかり意味がわかっている人は少ない語彙

「同音異義」「似ているもの」「年配の人、地位がある人が使う」語彙は知っておかないと恥をかく！

第五章

そもそも間違って覚えている可能性が高い語彙

社会人になったらこの間違いは許されない！「勘違い」を「正しい」と思っていないか？

第六章

心の状態をうまく〝表す〟〝伝える〟ための語彙

「ポジティブさ」も「ネガティブさ」も併せ持つのが社会人

第七章

社会人としての評価をもっと上げる語彙

一段上のレベルの言葉を身につけ、使いこなす

終章

こうすれば、語彙力は自然に高まっていく

数を増やし、質を高めるための技

素材提供：bioraven, Arcady/Shutterstock.com

Vocabulary

第一章

「この人できる!」と思われるための語彙力は、誰にでも身につけられる

言葉によって〝自分の評価〟を下げるのはもったいない!

語彙力があれば、ここまで得られることが多い

１９４９年に出版された、ノーマン・ルイスの名著に『Word Power Made Easy（語彙力を身につけるのは簡単だ）』というものがあります。

彼は、アメリカの作家、文法家、辞書学者、語源学者であり、言語に関するスペシャリストで、多くのベストセラーを残しています。

改訂を経て今でも版を重ね、アマゾンでも日本人が高い評価やコメントをしていることからも、とても有益な本だということは明らかでしょう。

さて、この本には、次のような文章が記されています。

「いつも適切な言葉を使っているだろうか？
それを正しく発音したり、つづったりできるだろうか？
稚拙な表現を避ける術を知っているだろうか？

恥ずかしい間違いをおかさず文法的に正しく話せるだろうか？
ひとつでも改善したい点があるなら、『Word Power Made Easy』は必携だ。英文法分野の著名な専門家によって書かれたこの完璧なハンドブックが、シンプルなステップ・バイ・ステップ方式であなたの英語の知識とスキルを確実にレベルアップさせる。

本書で学習すれば、

- 自信を持って話し、書けるようになる
- 効率のいい効果的な言葉の読み方が身につく
- 理解が早くなる
- 交際範囲が広がる
- 収入アップにつながる」

語彙力を身につければ、自信を持って自由自在に読み書き、話ができるようになる。そうすれば、交際範囲が広がり、収入もアップするというのです。

「語彙があるだけで、こんなに人生が変わるはずはない」と思われるかもしれませんが、語彙力によって人の運命が変わることは決して少なくありません。

できる人とは〝頭の中を言葉で〟表現できる人

なぜ、語彙力が人生に大きな影響を与えるのか――。

それは、語彙力が社会人としての評価につながるからです。

「言いたいことがあるのに、それを言葉で表せない」

こういった経験をしたことは誰にでもあるものです。言葉を忘れてしまったというようなことではなく、表現ができないという経験です。

たとえば、仕事でいいアイデアが浮かんだとしても、それをうまく言葉にして伝えることができなければ、そのアイデアはなんの価値も生み出しません。

交渉の場などでも、適切な表現ができなければ話をうまく進められないのです。

社会人になると、口頭でも書面でも、考えをうまく表現できなければ評価されません。

逆に、**頭の中で考えていることをうまい表現に変えて、他者に伝えられる人は、高く評価されます。**

仕事とは少し離れてしまいますが、イメージしやすい例でお話しすれば、レストランに行って何かおいしい物を食べたときのことを考えてみてください。「おいしい」と言うだけではつまらないものです。

〝何が〟〝どんなふう〟においしいのか。素材の味が生きている、色が美しい、味付けが濃く染み込んでいる、冷たさがたまらない……、様々なおいしさがあるのを言葉巧みに表現できたらと思うでしょう。

我が国では「沈黙は金なり」「男は黙って……」というように、言葉少なに表現することが大人のたしなみのような風潮がありますが、社会人になってそれを鵜呑(うの)みにしていてもしかたがありません。

やはり、わかりやすく、魅力的に、端的に、知的にものを表現する力がある人ほど、評価を得ていくものです。

あなたが持つ最も貴重な資源である頭脳も、語彙がなければなかなか生きないのです。あなたの一番の武器を表現するには、語彙力の向上が必要なのです。

残念ながら知性と教養のレベルで社会人としてのレベルを決められてしまう

社会人になると、あなたが使っている言葉によって、知性と教養のレベルを測られてしまいます。

どんなにいい仕事をする人でも、稚拙な表現をしていては、なかなか信用、信頼を得ることができないので評価されません。

先にも述べましたが、「代替案」という言葉を、「だいがえあん」などと言ってしまえば、相手に知性を疑われてしまいますし、「この人と仕事をしてもいいのか」と不安を感じさせてしまいます。

こういった間違いは、会話でも、文書でも、メールでも起こり、知らず知らずのうちに評価を落とすことにつながってしまいます。

また、スピーチやプレゼンなどでは、使う言葉の質によって説得力も変わってしまいます。

思慮が浅い、頭が悪いなどと思われてしまえば、何事もうまくいきません。

仕事の能力自体よりも、語彙力のレベルによって、人との関係を築けないということは多々あります。良い悪いは別として、社会人の世界ではそうなのです。

社会人として一定のレベルに達していないと思われてしまえば、たとえ仕事で結果を出したところで、なかなか地位も収入も快適な仕事環境も得られない現実があるのです。

最近では、ようやく能力を評価する雰囲気が社会に浸透してきましたが、まだまだ言葉づかいを含めた社会人としての品格を大切にする雰囲気はあります。

特に、地位が高い人ほど年齢も高いことが多いので、語彙力がなければなかなか認めてもらえないのです。

しかし、それを嘆いていてもしかたがありません。この問題は、語彙力さえ高まれば解決されることなので、社会人としてふさわしい言葉を身につければいいだけなのです。大人には大人の表現方法があり、それを知れば、社会人としての風格も品格も高まります。

「この人は信用できる」「この人に大きな仕事を任せたい」「この人ならリーダーの地位に引き上げても大丈夫だ」「この人と仕事をしたい」……。

言葉の数を増やし、言葉の質を上げるだけで、あなたを取り巻く状況は大きく変わるのです。

理解するための共通言語を自分の中に持とう

また、できる社会人になるためには、話の理解力を高めることが必要不可欠です。

相手の話を理解する、仕事の内容を理解する、会社の方針を理解する、スキルアップのための書籍や教科書のようなものを理解する……など、社会人になると理解力は当然必要になってきます。

物事を理解するには、そもそも自分の中に語彙がなければできません。

相手が言っていることを理解できなければ、それは空気として相手に伝わってしまいますので、知性や教養を疑われ、軽く扱われてしまうこともしばしばです。

どんな相手との会話でも理解できるように、語彙力を鍛えることが大切なのです。

相手との最低限の共通言語がなければ、話は平行線で、かみ合うことがありません。

語彙力がなければ、知識の収集ができないので、社会人として最も大切なクリエイティヴィティも高まりません。

つまり、社会人が使う最低限の語彙は知っておく必要があるということです。

話を〝短く〟〝わかりやすく〟伝えるために

私は、語彙力がない人ほど話が長いと感じています。

語彙が乏しいため、単純明快に自分の考えを表現することができないからです。適切な表現が思い浮かばなければ、考えていることをすべて説明することになってしまいます。

そうすると、話す量が増えてしまい、話す時間も長くなってしまうのです。**当然、伝える情報量が増えたり、時間が長くなってしまえば、それだけあなたの意図していることが相手に伝わりづらくなります。**

短くわかりやすく伝えることは、できる社会人としての条件のひとつです。

話がわかりにくい人、長い人は敬遠されます。

あなたも、グダグダと要点のつかめない人に時間を費やすのは嫌なのではないかと思います。

頭脳明晰（めいせき）な人ほど、語彙の力によって、話を短くし、自分が話す時間を短縮するのです。

「この人はできる」という印象を与えるためにも、言葉を操ることが必要なのです。

言葉の力で人を動かす

また、人を動かすためにも、語彙力は必要です。

たとえば、何年もかけてやってきた大きなプロジェクトが、暗礁に乗りかかっている場合を考えてみましょう。

「がんばろう!」という言葉だけで、チームは盛り上がるでしょうか。そんなことはありません。

一人ひとりに、適切な表現で励ましとなる言葉を伝えたら、メンバーはこれまで以上の力を発揮していきます。

現在は、どんな地位にある人であれ、リーダーシップを取れる人が重宝されます。周りの人々を見て、それぞれを励ますための言葉を持たなければならないのです。

「適切で、魅力的な表現ができる言葉を持つ人」「繊細な言葉づかいをして人の心を動かすことができる人」、そうした人が高い評価を受けるのは当然です。

経営の神様といわれたパナソニックの創業者である松下幸之助、ホンダの社長・本田宗一郎、ダイエーを創業して日本チェーンストア協会の初代会長を務めた中内㓛などは、著作もたくさん残していますが、それぞれの会社の社員のみならず、日本全国、世界に向けて、適切で魅力的な言葉を口にしていました。

言葉こそが、人を動かすのです。

そして、その言葉は〝小さな語彙の塊〟です。間違った使い方をするとかえって笑われてしまうかもしれない、小さな語彙の塊です。

それぞれの語彙が持つ、それぞれの意味を確かに身につけることによって、自らを正し、人に働きかけることができるのです。

このように、社会人の評価は、語彙力と大きく関わりがあるのです。

結果を出すことこそが仕事では重要ですが、語彙力を身につけることも、社会人になったら必要不可欠なのです。

「識字率が高い」＝「語彙力がある」ではない！

そもそも語彙力とはなんなのか。

日本では「語彙力」をつけるための本は、これまであまりありませんでした。

それは、ひとつは平安時代から明治時代までずっとあった「往来物（おうらいもの）」と呼ばれる本の影響があるからです。

往来物というのは、わかりやすく言うと手紙や文書の雛形（ひながた）、教科書です。

特に、それぞれの職業に必要な例文が載（の）っていて、それを真似していれば、間違いがないというものです。

みなさんが耳にしたことがあるものに、『庭訓往来（ていきんおうらい）』というのがあるのではないでしょうか。

これは、書簡（手紙や書状）の書き方を雛形として、語彙を学んでいくものです。

ほかに、『商売往来』『十二月往来』『百姓往来』『田舎往来』『問屋往来』など数百種類のものが出版されました。

明治時代になって、欧米に比べて日本は驚くほどに識字率が高かったと言われますが、それは、「往来物」がうまく機能して、老若男女、それぞれの身分、職業の人でも、それに合った手紙を書き、文章を読むことができたからなのです。

ただ、その弊害もありました。

それは、型にはまった文章、語彙は身につけることができても、型から外れたものは全くわからないという状況になってしまったということです。

士農工商時代も現代も変わらない

士農工商という身分によって固められた制度のもとでは、なかなかそれぞれの制度を乗り越えて異分野の語彙を学ぶということが難しかったとは思います。

ですが、この状況は今でも実はあまり変わりません。

一度ある職業について生活が落ち着いてしまうと、その居心地の良さから地位を守ることに終始して、新しいことを学んだりするようなこともしなくなりがちです。

しかし、上を目指そうとする人たちは、決して「今」に満足してはなりません。というより、どんな人でも「今」に満足してしまっていては、未来に対応する力をなくしてしまうことになってしまいます。

語彙力をつけるというのは、もちろん、知性を身につけることでもあります。

しかし、そういう堅苦しいことより以前に、語彙力を身につけることは、五感を十分に働かせることにもつながり、常に新しいものにも対応することができる力を養うことにもなります。

次の章から、できる社会人として知っておくべき語彙を紹介していきます。極力わかりやすい解説を心がけましたので、語彙力を高めて、評価される人になってください。

Vocabulary

第二章

最低限知っておきたい「知性」と「教養」を感じさせる語彙

できる社会人の「受け答え」「言葉の常識」「感謝」「あいさつ」

拝承（はいしょう）

——「わかりました」「了解しました」では、社会人としては軽すぎる

この章では、社会人として最低限知っておくべき語彙をご紹介していきます。

「拝」という漢字は、社会として人との関係を築き、保つためにはとても大切なものです。

日本語では「おがむ」と読みますが、神社仏閣で神様や仏様などを拝むようなときに多く使います。

この漢字は、私たちが神仏などを拝むときの手の形をそのまま写したものです。

「拝」の左側の「扌」は「手偏」と呼ばれるように、「手」という漢字を省略したものです。

それでは右側はどうでしょう。「拝」という字の右側だけを見てみると、「手」という漢字にそっくりなことに気がつくでしょう。違いは、横の線が一本多く、下の部分が撥（は）ねているということです。

実は、漢字がつくられていく上で、古い時代にはこれくらいの形の違いは全く問題にされるものではありませんでした。

「拝」という漢字は、**「左手」と「右手」を合わせた形を表している**のです。

我が国の古い文化は漢字も含め、古代中国から多大な影響を受けています。「仁」や「徳」、あるいは目上の人を大事にするという「孝」という考えなども、中国の伝統的な儒教の教えが基になっています。

ここで儒教というものがどういう教えだったかを説くつもりはありませんが、古代の中国、古代の日本で、人々が生きるために最も必要だったものが「円滑な人間関係」でした。ギスギスとした人間関係ばかりでは、人は精神的につらいものです。

人間関係をつくり上げるには、やはり言葉の力がカギとなります。

用件を〝両手で大事に受け取る〟イメージを伝える

たとえば、何か人からいただき物をするときに、片手でもらうと失礼な感じがするでしょう。逆に、渡す側の人になって片手で渡してしまえば、「ほら、これを取っておけ」というような横柄（おうへい）な印象を相手に与えてしまいます。

大事なものを両手で差し出し、受け手もそれをありがたく両手で受け取る。それが「拝」という漢字の意味なのです。

受け取りは、「物」に限りません。すべての受け取りに関して、ありがたく受け取るイメージを持つことはとても大切なことです。

メールも、指示も、お願い事も、任され事も、すべて受け取るものです。

このように何かを受け取ったときに、「わかりました」「了解しました」と返事をする人が多いように感じます。

どんなときでも、大切な用件を「お預かりします」という気持ちを込め、両手で大事に受けるように「拝」という言葉を使いましょう。

「わかりました」「了解しました」は、「あなたの言っていることを理解しました」という意味になるので、社会人の表現としてはあまりいいとは言えないのです。

だからこそ、**「その大事なご用件を承りました」というようなときに使う「承る」という漢字と合わせて、「拝承いたしました」と伝えれば、品格を感じさせる美しい表現になります。**

「わかりました」「了解しました」などは、よく使ってしまうものです。こういう言葉を使いそうになったら、「拝承いたしました」と言い換えて、社会人としてふさわしい表現をすることで、相手にいい印象を与えることも大切なのです。

仰（おっしゃ）るとおり

――「なるほど」がログセの人は〝信用〟も〝信頼〟もされない

「話し上手は聞き上手」と言われます。

できる人ほど、自分の意見をダラダラ述べるより、むしろ相手の話に耳を傾けているものです。

討論会やラジオ番組などでも、話がうまい人は場の雰囲気をつかんでいます。他者の話を聞くだけ聞き、ここぞというときに大事なことをさらりと言って、説得したり、新しい話題を提供していきます。

「私は」「私は」と自分の主張だけをする人は、煙たがられ、嫌がられてしまい、かえって話を聞いてもらえないものです。

ただし、人の話に耳を傾けているのはいいことですが、相手が何か言うたびに「なるほど」とあいづちを打つのはいただけません。

「なるほど」という言葉は、あまりいい言葉ではないからです。

実は、**「なるほど」という言葉は、室町時代末期、江戸時代初期頃から俗語として使われている言葉で、公式の場では使わないほうがいいもの**なのです。

「なるほど」という言葉の由来を考えてみましょう。

もともと、「なるほど」は、「なるべきほど」という言葉の「べき」が省略されて短くなったものです。

「なるべきほど」とは、現代語では「可能な限り」「できるだけ」という意味だと捉（とら）えることができます。

「可能な限り」という意味の「なるべきほど」は、「なるべく」や「なるたけ」などにも変化していきます。

つまり、「いかにも相手の言っていることが理屈に合っているかどうか、できるだけ確かめてみよう」というような、ちょっと意地の悪い意味を背景にしているので、あいづちのときの言葉としてはふさわしくないのです。

あいづちには〝自分の考え〟を挟まなければ心を見抜かれる

「なるほど」の意味をつかんでいただけたら、多用することを控えるべきだとわかってもらえたと思います。

多くの社会人が、会社内外でのコミュニケーションで、「なるほど」という言葉を使ってしまっています。

私は、「なるほど」という言葉を使っている人ほど、話をしっかり聞いていないのではないかと感じています。

とりあえず、「〝なるほど〟と応えておけば、会話がスムーズに進むだろう」という安易な考え方をするべきではありません。

「なるほど」を多用する人は、あまりものを考えていないのではないでしょうか。思考を停止して話をしていれば、それは相手に伝わってしまいます。

会話の相手が人間力のある人なら、それを見抜かれて、信用、信頼を失ってしまうことになりかねません。

それでは、「なるほど」ではなく、どういう言葉が適当なのでしょうか。

「確かに」「もっともですね」「ごもっとも」という言い方もいいでしょう。

ただ、最も品格を感じさせるのは、「仰るとおり」です。

「仰るとおり」は、話を吟味（ぎんみ）し、納得したときにこそ出る言葉です。

そして、もう一歩だけこの「仰るとおり」を応用することも考えてみてください。

「ご指摘のとおり」「ご明察（めいさつ）のとおり」など、ひとつ上の言い方も、時には使ってみると相手の評価も変わります。

「お」「ご」

――〝ルールの例外〟を知れば簡単！

「お菓子」と言ったり「ご飯」と言ったり、「お車」と言ったり「ご機嫌」と言ったり、物の名前を表す名詞の前に「お」や「ご」をつけて、ていねいな気持ちや尊重の意を表す場合があります。

しかし、「お」と「ご」の違いはなんなのかと聞かれると、明確に答えられる人はあまりいません。

「御菓子」「御飯」「御車」「御機嫌」

この**「ご」と「お」は、漢字で書くと同じ**です。

「御」という漢字は、昔まだ馬を重宝して乗っていた時代には、「馬を御（ぎょ）す」というような言い方で使われていたことがあります。これは、馬をうまく扱って穏やかに歩かせたり、走らせたりするという意味で使われる言葉です。

皇帝や天子の住まいを「御所」、またその庭を「御苑（ぎょえん）」と言ったりしますが、これは「馬を御す」ということと無関係ではありません。

そもそも、皇帝、天子には、どういう人がなるものなのでしょうか。世襲で決まっているから、庶民には関係がないと思う人もいるかもしれません。

しかし、ヨーロッパの歴史、中国の歴史などを見てみると、皇帝や天子になるというのは、「世襲」という言葉だけで片づけてしまえるほど簡単なものではありません。

それは、現代の社会に置き換えれば、大きな会社の会長や社長になったりすることとも同様です。

国家の元首としての皇帝や天子であれば国民を、会社の会長や社長であれば社員を、うまく御す力がなければならないのです。

別の言葉で言い換えれば、「国民や社員をうまく治めて、国や会社を発展させることができる人」こそが、人の上に立つということです。

「御前」という言葉があります。「ごぜん」と読んで、我が国では殿様などを呼びました。

これは、もちろん尊敬の意味を込めて使われている「御」でもありますが、本来は「世の中を治める人の前に立って、尊敬の気持ちから自らの頭を下げる」という意味を持って使われる言葉です。

御菓子、御飯、御車、御機嫌、御電話、御寿司、御用……という「御」の意味も同じように考えると、わかるのではないでしょうか。

どちらも漢字では「御」だけど、漢語と和語で違いが生まれる

では、どのように「ご」と「お」を区別して使えばいいのでしょうか。

基本的に「ご」がつくのは、漢語です。

和語の場合には「お」をつけます。


漢語とは字訓ではなく字音で読む言葉で、和語とは日本固有の語になります。

たとえば、「ご案内」と「お知らせ」、「ご依頼」と「お願い」のような使い分けになります。

そうであるとすれば、「お返事」と言うのは間違いで「ご返事」というのが正しいということになります。しかし「お時間」ということはできても、「ご時間」という言い方はありません。「ご時間」では「5時間」と勘違いしてしまうかもしれないからです。

こんなふうに必ずしも「ご」と「お」の区別が漢語か和語かで確然と分かれているというわけではありませんが、ルールを知った上で慣用的に例外を認めることが使いこなす秘訣です。

言葉は、意思を伝える道具だと言われます。うまく相手に意思を伝えるためには、使う言葉の芯に意力のようなものがあることを知っておくといいでしょう。

幾重(いくえ)にも御礼(おれい)を申(もう)し上(あ)げます

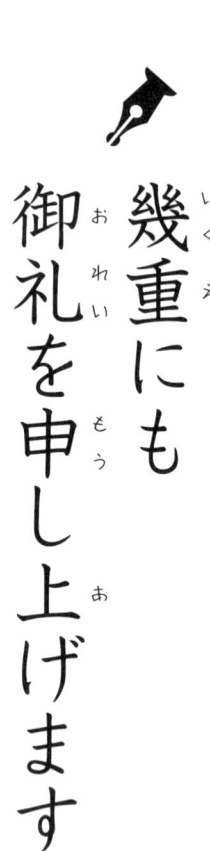

──洗練された言葉で“一度だけ深く感謝する”スマートさを持とう

「心の襞(ひだ)」という言葉があります。

心がどういう形をしているのかはわかりませんが、昔から心には「襞」があると言われてきました。

そして、最近では「心」は、胸ではなく脳が感じるもの、つまり「心理」であるというように解明されてきています。

ここで、おもしろいと思うのは、昔から頭がいい人の脳にはしわがたくさんあると言われてきたことです。

今では、脳のしわと頭の良さには関係がないとわかってきているようですが、もしかしたら、**「心の襞」と「脳のしわ」は、同じことを別の言葉で言っているのではないかと思うのです。**

「心の襞」がたくさんある人は、感受性が高く、多くのことを繊細に感じることができます。

また、「頭がいい人」というのは、いろいろな考え方はあるでしょうが、〝外界から受け取った情報を、自らの経験に照合して処理し、様々に活用することができる能力を持っている人〟だと私は考えています。

さて、「感謝」ということも、外界から「ありがたいこと」を受けたときに感じるものです。

その感謝が、自分に深く深く染み込むように感じられるとすれば、「心の襞」がそれに反応していると言えます。

日本語では、それを「幾重にも」と表現してきました。

何度も「ありがとう」と言うより〝心からの感謝〟を大切にする

「八雲立つ　出雲八重垣　妻籠みに　八重垣作る　その八重垣を」

という歌が、『古事記』『日本書紀』に載せられています。

これは、古来、短歌の起源と考えられているもので、『古事記』には素戔嗚尊が、愛する妻のためにつくったと記されています。

「雲が幾重にも立ち上る。雲がわき立つという名の出雲の国に、八重垣を巡らすように、雲が立ち上る。妻の住まいとするために、私は幾重にも垣根をつくったけれども、まるで八重垣を巡らしたようだ」

というような意味です。八重垣とは、何枚も重ねた囲いや仕切りのことになります。

素戔嗚尊は、妻を得たことを心から喜び、彼女のために家をつくり、幾重にも垣根をつくったというのです。

「大切な奥さんを、大事にした」ということのたとえなのですが、これは「幾重にも感謝をする」ということと無関係ではありません。

「幾重にも感謝を申し上げます」というのは、何度も「ありがとうございます」と同じ言葉を繰り返すこととは違います。

先に述べたように、この言葉は、深く、しみじみと、「心の襞」にあらゆる意味において、ありがたいという気持ちを感じることを表しているのです。

ただ「ありがとう」ではそっけないものですし、相手にも感謝の気持ちをしっかりと伝えることになりません。

「幾重にも御礼を申し上げます」

社会人なら、こういった表現で感謝の気持ちを相手に伝えてみてください。

慶賀（けいが）

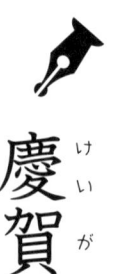

――漢字の中に「鹿」を見つければ〝気後れなく〟あいさつで使える

「御隆昌（ごりゅうしょう）の段、慶賀の至りに存じます」というような文章を、目にしたことがあるのではないかと思います。

手紙の冒頭、あいさつに使われていることが多いから、「いい意味で使われているということは想像できるけれど、いったい本当はどういう意味なのかわからない」というのが正直なところではないでしょうか。

社会人として、こういった冒頭の文章は使ったほうがいいと考えていても、「実際に自分が使うとなると、意味がわからなくて使えない」というようなことを感じている人も少なくないのではないかと思います。

「隆昌」という熟語は、**「隆」「昌」ともに「どんどん盛んになる」という意味の言葉ですが、その「盛んになる姿」がそれぞれ違う**ということを知っておいてください。

「隆」という漢字から説明しましょう。

「隆」の左側は、もともと「阜」と書かれていました。漢字の偏としては「こざと偏」と呼ばれますが、土を盛り上げた城壁、土を盛り上げて囲んだ村などを意味します。

「隆」は「降」という漢字と右下の部分が少し違うだけです。「降」という字の「夅」は、「上から下に向かって落ちてくる」ことを意味します。

「隆」という字は、旧字では「隆」と書きます。「隆」の「一」と「生」をくっつけて書いた記号は、「地面から植物の芽が生えること」と「上から押さえつけられる力に抵抗して、強く高く上へと盛り上がっていくこと」を表します。

つまり、「隆」という漢字は、上にどんどん伸びていく「盛んな姿」を表しているのです。

これに対して「昌」はどうでしょうか。お日様が二つ重なって書かれています。こちらの「盛んな姿」は、放射状に太陽の光が広がっていくように、キラキラと輝きながら大きくなっていくことを表しているのです。

他者に与えれば〝同等の価値〟が自分にも与えられる

それでは、「慶賀の至り」という言葉について触れたいと思います。

「鹿」という漢字は、「慶」の「心」と「夂」を除いたものに見えないでしょうか。

少し形は違いますが、この「心」と「夂」を除いた部分は、「鹿の毛皮」を表します。

鹿の毛皮は、古代中国ではお祝いの贈り物に使われるものでした。

また「夂」は「歩いている足」を表します。「慶」は、お祝い事があったときに、心を込めて、鹿の毛皮を持って行くことを表す漢字だったのです。

漢字の説明ばかりになって恐縮ですが、「賀」は「貴重で高価なもの」を表す「貝」と、「加える」という意味の「加」とが組み合わさってつくられています。

こちらは、「ありがたい素晴らしいことが、たくさん次々にありますように」ということを意味する漢字です。

「ご隆昌の段、慶賀の至りに存じます」という言葉の意味は、おわかりいただけたでしょう。

わかりやすく言い換えれば、「高く高く、また太陽の光のように燦々と盛んになっていらっしゃるご様子、喜びがさらにどんどん大きくなっていかれることを、誠に申し上げます」ということになります。

古代、言葉は「ただ意味だけを相手に伝えればいい」というものではありませんでした。**「言祝ぎ」という言葉がありますが、これは、相手に対して「素晴らしいですね」という意味の言葉を伝えれば、相手もそうなり、それが自分にも返ってくるということ**を意味するものです。

手紙の冒頭にこのような言葉を添えるのは、「言祝ぎ」の伝統を示すものでもあるのです。

格別

――この一言が〝大人の雰囲気と品格〟を醸し出す

「平素は、格別の御高配を賜り、誠にありがとうございます」と、手紙のあいさつに書かれているのをよく見かけます。

文章で特によく使われる言葉なのですが、会話の中でもこういう言葉をさらりと言えると、とても知的な印象を与えることができます。

特に、「格別」という言葉は、使うと大人の雰囲気、あるいは品格を醸し出すことができるものです。

たとえば、食事に行ったときなどに「おいしいですね」と言うのと、「格別ですね」と言うのとでは、その言葉を聞いた人の印象は大きく違います。

格別という言葉は、「物事の種類、性質などが他と比べて全然違う、特別の風合いや風情を持っている」というような場合に使います。

ところで、「品格」という場合にも「格別」という言葉にも、「格」という漢字が使われていますが、この漢字はどのような意味を持っているのでしょうか。

それがわかると、「格別」の本当の意味もわかり、自信を持って使うことができるようになります。

「格」という漢字は「木」と「夊」と「口」からできています。

「夊」は「慶賀」という言葉を説明するときにも出てきましたが、「歩いて進む足」を意味します。

「口」は、もともとは「大きな石」を表すものでした。「木」も、小さな木ではなく、「大きな木」を表します。

「歩いて進む足」と「大きな石と木」を組み合わせた「格」は、それではいったい何を言おうとしているのでしょうか。

「大きな木」は、「支え」を意味します。

そして、「大きな石」は「しっかりした基礎があること」を意味します。

「格」とは、すなわち、「堂々と自信を持って歩いて行くことができる力を持っていること」を表しているのです。

「格別ですね」という言葉は、したがって、「その姿がしっかりとそうであるべき力を持っていて特別である」という意味を持っているのです。

Vocabulary

第三章

「会議」「プレゼン」「交渉」「打ち合わせ」で結果が出る便利な語彙

伝え方がうまい人、説明がわかりやすい人、理解力が高い人

乖離（かいり）

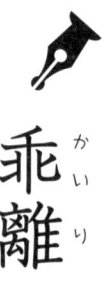

――食い違いを一発で表現する便利な言葉

ここからは、ビジネスシーンでよく使われ、知っておくと円滑に話が進む便利な語彙についてお話ししていきます。

皆で同じ方向に物事を進展させていこうと思っていても、少しずつスタンスの違いや考え方の違いなどによって、ベクトルの方向が分かれてしまうということがあります。

そのままにしていれば、もしかしたらお互いが離反してしまって、空中分解してしまうかもしれない。

そうなる前に、何か手を打たないといけない。そんなときに、「乖離した意見をまとめる会議を開く」というような言い方をします。

「乖離」とは、「乖き、離れる」と読むことができます。

たとえば、このように使用されています。

「政治と軍事が乖離していては戦争はできない」

（半藤一利『指揮官と参謀』文藝春秋）

「そして、ほぼ、七年間にわたり、両者はとくに乖離や矛盾を生じた」

（田中芳樹『銀河英雄伝説外伝4』東京創元社）

「この科学の限界が、『世界知』と『生活知』の乖離の問題に大いに関係します」

（茂木健一郎『「脳」整理法』筑摩書房）

「乖」というのは、「乗」という漢字に似ていながらも、少し変わった形をしています。

この漢字の中心に見える「干」は、もともとは羊の角を表しています。古代中国では、羊の角は頭の中心の一カ所から左右両方に分かれて出てくると信じられていました。

つまり、根本では同じであるはずが、だんだん離れてしまうということを意味するのです。

それに「北」という漢字がついています。

「北」という漢字は、人が背中を向けて、反目している様を表したものです。

反目しあって張り詰めた冷たい空気が流れることから、この字は方角としての「北」を意味するようになるのです。

「干」にしても「北」にしても、この漢字をつくる要素は、分裂して嫌な雰囲気をつくっていることを意味しています。

「干」と「北」を見れば難しくない言葉

実際に、「乖背（かいはい）」という言葉もあって、これは「互いが背く」という意味ですし、「乖離」も、**本来は「心が合わず、しっくりこない」という意味**です。

相手の態度や意見などが自分のものと合わず、食い違うことは「乖隔（かいかく）」と言いますが、今ではこうした言葉は使われなくなり、「乖離」を使います。

少し難しい字ですが、この漢字をつくっている構成要素である「千」と「北」を見れば、さほど難しく感じないで済む言葉です。


「顧客のニーズと企画の方向性が乖離している」

「顧客データとプロジェクトの方向性が乖離している」

……といったように使われることも多いものです。

議論の場で、相手が根拠に基づかないことで批判をしてきたときなどには、「データと意見が乖離しています」というようにも使うことができます。

乖離という言葉を使い、様々な場面で役立ててみてください。

概（おおむ）ね

——「だいたい」「おおよそ」以外の意味を知れば、使用の幅がグッと広がる

「日本史概説（がいせつ）」や「概説　世界の経済」というようなタイトルの本を、書店で見かけたり、あるいは読んだりしたことが誰にでもあるのではないでしょうか。

「概説」というのは、「細かい部分には触れず、グローバルな視点から説明します」というものです。

「概説」の「概（がい）」を訓読みにしたのが、「おおむ・ね」という言葉です。

わかりやすく言えば「だいたい」「おおよそ」という意味になります。

「概説」「概ね」の意味はもちろんこれで間違いはないのですが、**実は、この意味と同時に、「概説」「概ね」には、さらに深い意味が隠されています。**

それは、『日本書紀』などで使われている「概ね」の用法で、「一番大事なところ」という意味を表すのです。

漢字では「大旨」と書かれる場合もあります。

そう考えると「日本史概説」という本は、「細かい部分での議論はともかく、日本の歴史を貫く最も大切な筋道としての日本史を説明しよう」という意味であると考えられます。

ほとんどの人は「概説」と聞くと、「だいたいのところだろう」と思ってしまいがちなのですが、もっと深い意味があることを知ると、「概説書」とはありがたいものです。「だいたい」「おおよそ」以外にも、「一番大事なところ」という意味があることを知れば、「概ね」の使い方にも幅が出てくるのではないかと思います。

近似値(きんじち)・中央値(ちゅうおうち)・平均値(へいきんち)・最頻値(さいひんち)

——説明がうまい人ほど
〝数字に関する〟共通用語を使いこなす

「世の中の動きをどのような方法で見ていけばいいのか」と、人が本当に思い始めたのは、いつ頃からかと考えることがあります。

我が国では第二次世界大戦が終わるまで、ほとんどの人は予定表を持っていませんでした。「予定」は自分でつくるものではなく、上から〝申しつけられる〟ものだったからです。

実は、人がシステム手帳を持つようになって、自分で予定をそこに書き入れるようになったのは、１９８０年を過ぎた頃からで、爆発的に普及したのは１９８９年、昭和が終わり、平成になってからのことでした。

それとともに、世の中の動きは、驚くほど数字で見られるようになったのです。これは、バブル時代の一般人の株への投資とも無関係ではありません。

さて、お金、試験の点数、偏差値、健康診断、カードでたまるポイント、パソコンのクリック率など、現在、「世の中、数字に支配されすぎているのではないか」という警告も出されるわけですが、それでも、やはり知っておかないといけない数字に関する言葉もあります。

特に、**会議や打ち合わせ、交渉で、一般的な共通用語がわからないと相手が何を言っているのかさえわかりませんし、そうした用語がないと話がやたら長くなってしまう**ということも少なくありません。

近似値・中央値・平均値・最頻値などの用語は、知っておかなければならない基礎語彙です。

“話を理解する”“話を短くする”ための基礎語彙

近似値というのは、真の値、あるいは正しい値が算出できない場合、ないしは算出できてもその真の値を精確に反映する必要がない場合に使う数値のことです。

たとえば、円周率πは、3.1415 9 2……と割り切れないまま続きますが、小学校ではこれを3.14で計算します。これは「近似値」です。

さて、「**中央値**」とはどのようなものでしょうか。

これはデータを小さい順や大きい順に並べて、中央に位置する値のことです。

たとえば、5人の成績を並べてみた場合に、3番目に位置する人の点数が「中央値」になります。

「**平均値**」は、どうでしょうか。これは平均して得られた数値のことです。全部のデータを足し合わせて、データの数で割ったものになります。

たとえば、100点満点の試験を5人が受けて、それぞれが50点、60点、70点、80点、90点を取ったとします。この場合、平均値は、50点+60点+70点+80点+90点=合計350点。これを、試験を受けた人数5で割ると70点という数字が出ます。これが「平均値」です。

それでは**「最頻値」**とはなんでしょうか。「最頻値」の「頻」という漢字は、「しきりに」と読みます。「いつも、たくさんの」という意味の言葉です。

たとえば、5人が試験を受けて、それぞれ10点、20点、30点、40点、50点を取れば、最頻値はありません。5人試験を受けてそれぞれ違った点数を取っているからです。

ですが、もし試験を100人受けて、「50点取った人　10人」「60点取った人　20人」「70点取った人　40人」「80点取った人　20人」「90点取った人　10人」ということになると、最頻値は70点になります。一番多く取った人のその点数のことが最頻値です。

会社での会議などでは、それぞれの業種によって数字を表す用語があると思いますので、知っておいて損はない語彙になります。

相対的(そうたいてき)・絶対的(ぜったいてき)

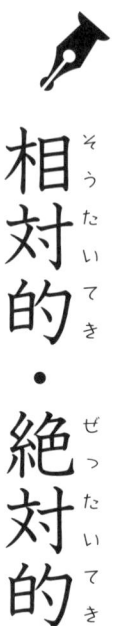

――「他と比べて」と「ものさしに照合して」で判断！

たとえば、「英語が上手」とは、どんなふうに英語ができることを言うのでしょうか。

「英語が上手」という言い方は、「他の人に比べて」という前置きをつけることができます。「他の人に比べて英語がよくできる」「他の人に比べて、英語で外国の人とコミュニケーションが取れる」というような具合です。

しかしこの場合、どれくらい英語ができるのか、テストなどをして点数として評価がされたものでもありません。

「相対的」というのは、このように**「何かに比べて」「他との比較で」「他の関係において」**

という意味です。

「絶対的」という言葉は、**「点数など誰が見ても明らかなもの」「ものさしのようなものと照合してみて、その人あるいは、それがどうか」ということを示す**ものです。

ここでも、「英語が上手」ということで考えてみましょう。

その人は英語を巧みに使って、話をすることができるかもしれません。しかし、TOEICや英検など英語ができる「能力」を測定する試験を受けてみると、一定のレベルに達していないという結果が出るかもしれません。

学校に入学したり、会社に就職をしたりする場合に求められるのは、「他の人に比べて英語ができる人」ではありません。社会が認める試験の結果として「絶対的」に英語ができる「能力」を持っていることの証明が求められるのです。

語学、コンピュータ、歴史、文学、文化、経済などあらゆる分野で、現在、我が国には数百の検定試験があると言われています。

これは、「あの人はできる」という「相対的評価」ではなく、「絶対的」なものさしを使って数字で「評価」された人を社会が求めているからに他ならないのです。

相関関係・因果関係

――〝科学的な規則性〟のあるなしで使い分ければいい

「相関」という言葉は「相い関する」と読むことができますが、「互いに関係し合う」「互いに関わり合う」ということです。

一般的には、「一方が変化すれば、他方も変化する」、数学や物理では「二つの量や現象が、ある程度相互に規則性を保って変化していくこと」を言います。そのような関係が見られるものを、「相関関係がある」と言ったりもします。

ところで、「相関関係」と似たものに、「因果関係」というものがあります。

学生に聞くと、この二つの区別がよくわからないと言います。

「因果関係」の「因果」とは「原因」の「因」と「結果」の「果」を合わせたものです。仏教では「因果律」あるいは「因果応報」などという言葉が使われます。

つまり、「ある原因によって、ある結果が起こる」ということです。

それなら、「相関」の「互いに関係し合う」「互いに関わり合う」ということと同じではないかと言われるかもしれませんが、「相関」の場合は、特に「一方が変化すれば、他方も変化する」というような「変化の度合い」に規則性が認められるような場合に使います。

二つの言葉の違いを明確に理解しておいてください。

「因果関係」は「原因」と「結果」であり、**そこにはなんら規則や法則がなくても使えます。**

それに対して「相関関係」と言った場合には、**なんらかの科学的な規則性があることが前提になる**のです。

敷衍（ふえん）

――ビジネスシーンでよく言われる「抽象的なことを具体的にする」とは？

「難しい話は簡単に話す」「身近な話は、かいつまんで要点を話す」

こうすると、相手は話をよく聞いてくれます。

話し方の最も重要な点は、まさにこれに尽きるかと思います。また、「抽象的なことは、具体的に」、「具体的なことは、抽象化して」話すと人は話を聞いてくれます。

さて、「敷衍（敷延〈ふえん〉）」というのは、「抽象的なことを、具体的に」説明することを言います。

「敷」という漢字は、「布団を敷く」「風呂敷」「敷設」というように使われることが多いのですが、これは**もともと「平らにして広げる」というようなことを意味するときに使います。**布団や、風呂敷などは、まさに平にして広げて使う物です。

また、「敷設」という言葉にしても「鉄道の敷設」というような使い方をしますが、線路を広げ、鉄道網をつくることによって多くの人がそれを使えるような仕組みをつくることを言います。敷設とは、広い範囲に設置することを言うのです。

少し古い言葉になりますが、昔は、「大空」や「宇宙」のことを、「敷天（ふてん）」と書いていました。

「ふてん」という発音を聞くと、沖縄の「普天間（ふてんま）」を思い浮かべる人も少なくないかもしれませんが、実は「敷」と「普」は、発音が同じ「ふ」で、意味も非常によく似ているために、もともとはどちらで書いてもいいものでした。そういう意味では「敷衍」を「敷延」と書いても、どちらも正しいのです。

「衍」という漢字は、「行」という漢字と「氵」とが組み合わさってつくられています。

「行」という漢字は、もともとは、「（東西南北の）四方向」に人々の足が行き交うことを表したものでした。また、「氵」は「水」です。「衍」は、このことからも「水」が、広く四方向に広がっていくことを表した漢字なのです。

さて、「延」という漢字はいかがでしょうか。

よく見ると、「ノ」と「止」と「廴」が組み合わさっています。

これは、「ノ」が「伸ばすことを表す印」、「止」が「足」、「廴」が「引き伸ばすこと」を表すものです。

「延期」「延引」「延納」「延々と」など、どれもダラダラと期日や話などを引き伸ばすことをいうものばかりです。

「衍」という漢字のほうは、現在ではあまり使われる熟語がありませんが、「衍沃（よく）」が「広々としてよく肥えた土地」、「衍蔓」が「どこまでも広く伸び広がること」というような意味を表します。

つまり、「衍」と「延」は、漢字の形は違っても発音と意味はほとんど同じなのです。

同じ読みで、同じ意味

さて、話が長くなりましたが、「敷延」「敷衍」の意味は、おわかりいただけたでしょう。**漢字というものは、具体的なことを記号に置き換える抽象的な作業の結果出てきたものです。**ですから、それを解釈するときには、できるだけ具体的なものに置き換えることが必要です。

会社の経営なども実は同じなのではないかと思います。日々の具体的な事象は、抽象的な理論を知ることによって「なんだ、こういうことか」とまとめて考えることができます。逆に、「理論」を知っていれば、具体的な現象も理解しやすくなるのです。

数学、物理などの近代科学によって行なわれてきた「分析」と「再構成」、あるいは「演繹（えんえき）」と「抽象」という方法です。

「敷衍（敷延）する」とは、抽象的なことを具体的に説明することだと覚えておきましょう。

コモディティ

——カタカナ語は、
ひとつの言葉を分割してみるとわかりやすい

最近、「コモディティ commodity」という言葉がよく使われるようになってきました。この英単語は、TOEICでは730点くらいを取る人に要求される語にランク付けされています。英英辞典には、convenience, usefulness, suitability または something useful or valuable とあります。

訳すと「便利なもの、有用なもの、ぴったりのもの」「何か使いやすくて役に立つもの」

ということになります。

最近は、「コモディティ」な物を売っていますというような意味で、我が国でもお店の名前などに「コモディティ」という言葉が使われ始めました。

日本語を理解するときに漢字の本来の意味から考えていくとわかりやすいのと同じで、**英語の場合も語源を辿る訓練をしていくと、いつの間にかなんとなく言葉の意味がわかり、そこから派生させて、語彙力をつけていくことにつながります。**

たとえば、「コモディティ commodity」という言葉は、次のように分けることができます。

Com-mod-ity

Com というのは、「共に」「全く」という強い意味を表します。「共同体」を意味する Community、「通信」などを意味する communication などの「com」はまさにそういう意味です。

Med は本来「適切な処理をする」ということを意味します。「医学」の medicine、「熟考する」の meditate などがこれに当たります。ただ、漢字の形が時と場合によって変化するように、英語の語源となったギリシャ語やラテン語なども変化します。「med」は「mod」と変化し、「型にはめる」という意味を持つようになるのです。「Model（規範、模型）」「Mode（やり方、流儀）」などがこれに当たります。

さらに、ity と接尾語は、英語によく見られるものですが、「状態」や「性質」を表します。

さて、このように考えると、commodity という言葉も「共に、全く」「型にはまった」「性質のもの」となって、これを合わせると「便利なもの、有用なもの、ぴったりのもの」という日本語になるのです。

いかがでしょうか。こんなふうにして考えていくと、辞書を引かなくても、だんだん、英単語の意味もイメージすることができるようになります。

コモディティ化とは平均化して競争力を失っていること

最近は「コモディティ化」という言葉で使われることのほうが多くなってきたよう

ですが、競合する商品同士の差別化されるべき特性が失われて、ブランド力などがなくなってしまうことを言います。

つまり、「どの会社の物やサービスを買っても、同じ」という状態です。

洋服、車、コンピュータなど、みんなどのブランドの物を見ても、あまり大きな違いは、表面上わかりません。

すべてのものが平均化してしまうというのは、一般化という点においてはいいことなのかもしれませんが、特異性を失うことによって競争力もなくなってしまいます。

コンテンツや商品内容、士業などもコモディティ化すると表現されます。

このように、**特徴が見えず、差別化ができないことをコモディティと表現するようになっている**のです。

「チャンク・アップ」「チャンク・ダウン」

——なぜ、日本人は列強と肩を並べられたのか？

先にご紹介した「敷衍（延）」と関係する言葉で、最近よく使われるようになった「チャンク・アップ」「チャンク・ダウン」という言葉についても触れておきましょう。

チャンク（chunk）という言葉は英語では、厚切りのパン、チーズや肉の大きな塊（かたまり）を表します。

アップ（up）とダウン（down）は「上げ」「下げ」です。

では、「塊」を「上げたり、下げたり」するというのはどういうことでしょうか。

わかりやすく言えば、「チャンク・ダウン」は「塊をほぐすこと」、「チャンク・アップ」は「細かいものを塊にすること」です。

たとえば、ある商品を売る場合を考えてみましょう。

物を売るためには、価格設定、販路の開発、宣伝など様々な問題を解決していかなければなりません。

また、宣伝方法と言っても、テレビ、ラジオ、フライヤー、インターネット、SNS、口コミなどが考えられます。その前に、商品の名前やデザインなどもきちんと考えなくてはならないでしょう。

こんなふうに、大きな問題をどんどん細かくしていくことを「チャンク・ダウン」と言います。

これに対して、一つひとつの問題をどのように解決していくかということを持ち寄って、そこに齟齬（そご）がないかどうかを考えていくことを「チャンク・アップ」と言います。

これは、まさにヨーロッパのルネッサンスとともに出てきた発想の仕方で、別の言い方では「分析と再構成」と言われていました。

今でこそ当たり前の考え方ですが、実は、少なくとも東アジアではこうした発想はあり得なかったのです。

我が国が明治時代以降、ヨーロッパ列強と肩を並べることができたのは、いち早くこの発想法を取り入れることに成功したからに他なりません。

「チャンク・ダウン」「チャンク・アップ」という表現はよく使われますので、しっかりと意味を覚えておきましょう。

Vocabulary

第四章

よく聞くけど、しっかり意味がわかっている人は少ない語彙

「同音異義」「似ているもの」「年配の人、地位がある人が使う」語彙は知っておかないと恥をかく！

忖度（そんたく）

——よく出てきて困る
〝地位がある人〟が使いがちな言葉

この章では、よく耳にするけど、多くの人が実はしっかりと意味を理解できていない語彙についてお話ししていきます。

仕事をしていれば、よく「忖度する」という言葉を耳にします。

学生に忖度という言葉を見せて、「この字の読み方は？」と聞くと、八割以上が「すんど」と答えますが、もちろん間違いです。**今は「そんたく」と読むのが正しいとい**

うことになっています。

「正しいということになっている」というのはどういうことかと言うと、室町から江戸時代にかけては「じゅんど」と読むのが正しいとされてきたからです。しかし、明治時代を過ぎた頃から、「そんたく」と読むのが正しくなりました。

言葉は聞いてわからなければ役には立ちません。

「昔はこんなふうに言うのが正しかった」といくら主張しても、相手がわかってくれなければ意味がありませんので、教養として「じゅんど」という読み方もあったのだと知っておく程度でいいでしょう。

漢字の読みの基本の二つを知っておこう

ちなみに、我が国には、漢字の読み方が四種類あります。そのうちの基本となる「呉音（ごおん）」と「漢音（かんおん）」の二つについて説明しておきましょう。

たとえば、「文」という漢字には「もん」という読み方と「ぶん」という読み方があります。

文部科学省、呪文、文字

文学、文章、文化、文芸

「ぶんぶかがくしょう」「じゅぶん」「ぶんじ」と読んだり、「もんがく」「もんしょう」「もんか」「もんげい」と読んでしまえば、何を言っているのかがわからなくなってしまいます。

これは、同じ漢字でも「呉音」と「漢音」という読み方の区別があるからです。

我が国には、古く書き文字がありませんでした。

そこへ漢字が入ってきて、文書や書籍が書かれるようになるわけですが、７９４年に平安時代が始まるくらいまでは、漢字の読み方は主に「呉音」と呼ばれるものが使われていました。

これは、中国の上海、南京周辺の呉の地方で使われていた漢字の発音によるものです。

上海周辺は、揚子江の下流で、紀元前の昔から文化が発達していました。ここから船を浮かべると、対馬海流に乗り、朝鮮半島や九州まで辿り着くと言われます。

呉の地方で使われていた「呉音」の語彙が、日本に入ってきたのは自然なことだったのです。

「忖度」を「じゅんど」と読むのは、まさにこの「呉音」の読み方です。

ところで、我が国の平安時代の文化が遣唐使という「唐王朝」との交易によって発達したことは、あなたもご存じのことだと思います。

唐王朝の都は、現在の陝西(せいせい)省西安市、当時の名前では「長安」という所でした。この長安がある地方は、古くから「漢」と呼ばれた所でした。

長安には、シルクロードを経て、インドやチベット、遠くは今のトルコやアフガニスタン辺りからも人々が訪れ、まさに今のパリやロンドン、ニューヨーク、東京のような文化の中心地となっていたのです。

ここで使われていたのが「漢音」という漢字の発音です。

「文」という漢字は、呉音では「もん」と発音されますが、漢音では「ぶん」と発音されました。「忖度」が、「そんたく」と発音されるのは「漢音」によるものです。

相手の心を推し量る

さて、「忖度」の意味ですが、これは「他人の心を推し量ること」です。使い方としては「相手の真意を忖度する」というように使われます。

「相手は本当のところ、どんなふうに考えているのかな」というようなことを推量するということです。

この言葉は難しい印象を受けるかもしれませんが、漢字の語源がわかればたいしたことはありません。

「忖度」の「度」から説明しましょう。

「度」は「温度」「湿度」などの言葉でも知られるように本来、暑さや寒さ、湿り具合などの「度合い」を知ることです。「測る」と言っても構いません。

このように、相手の思っていることの度合いを測る（推し量る）ために「度」という漢字がついています。

それでは「忖」とはなんでしょうか。

「寸」は、もともとの漢字の意味は「指一本の長さ」を表します。

ですから「一寸先は闇」ということわざは、「指一本先の短い距離でも、足を伸ばせば、何があるかわからないから注意をしなさい」という意味です。

「忖」はこれから考えれば、「心を指一本の長さ伸ばす」ということを表すことになります。

悪い言葉を使えば、「ちょっとだけ相手に探りを入れて」というような意味になります。また、良い言葉で言えば、「相手のことを推し量って」ということになります。

いずれにせよ、「忖度する」というのは、**相手の思うところがどの辺りにあるかなということを知るということを意味する言葉**なのです。

忖度という言葉は、地位が高い人や少し年配の人が多く使いますが、よく耳にする言葉でもあるので、知っておいてください。

相殺（そうさい）
――お金の話は、ビジネスとは切っても切り離せない！

漢字の読み方について、呉音と漢音という違いがあると言いましたが、そのときに「忖度」という言葉が、古くは「じゅんど」と読まれていたのに、「そんたく」と読むのが今となっては正しくなったと述べました。

「相殺」も、「そうさい」と読むのが正しいのですが、最近は「そうさつ」と読む人のほうが多くなってきています。

おそらくもうしばらくすると、「そうさい」と言っても通じなくなってしまうのではないかと考えられます。

実は、**「殺」という漢字を「さつ」と読む場合は「殺す」という意味を表し、「さい」と読む場合は、「そぐ」「減らす」ということを意味する**のです。

このように同じ漢字であっても、読み方が違って意味が変わるというものに「説」があります。

みなさんは、「説」という漢字を見たら、きっと「せつ」という読み方をするのではないかと思います。

ところが、漢和辞典を見てみると、「せつ」以外に「えつ」という読み方があるのです。「せつ」という読み方であれば、これは「説き明かす」という意味です。ですから「説明」などと使われる場合は「せつ」と読みます。

ところが、「えつ」と読むと、「よろこぶ」という意味になるのです。

「殺す」か「減らす」で大違い！

さて、「相殺」という言葉の話に戻りましょう。

「そうさつ」と読むと、**「お互いが殺し合う」**という意味になりますが、「そうさい」と読むと**「二つのものが競合して互いにその持ち味や特色を損ねてしまう」**という意味になります。

たとえば、会社の合併があったとします。

ここで「そうさつ」という言い方をすると、合併した会社それぞれが敵となり、相手が倒れてしまうまで争うということになりかねません。

「そうさい」なら、まだ、それぞれの持つ得意分野が失われてしまうくらいで、会社内部で決死の争いが行なわれるわけではありません。

「そうさい」と「そうさつ」。

そんな細かいこと、どうでもいいじゃないかとおっしゃるかもしれませんが、会社や国のお金を計算するのに、「1円、10円くらいの間違いなんて、どうでもいいじゃないか」という人はいないでしょう。

相殺は、よくお金の話で出てくる言葉なので、ビジネスとは切っても切れない言葉です。

社会人として、必ず知っておくべき言葉だと言えます。

代替

――四つの読み方があるものは〝前後の言葉〟で補うこと！

読み方がいろいろある言葉に「代替」という熟語があります。

・しろがえ
・だいかえ
・だいたい

・**だいがわり**

このように、この熟語には四つも読み方があるのです。

ひとつずつ、意味も、もちろん違います。

「しろがえ」と読むと、「品物を売って、金銭に換えること」、あるいは「物々交換をする」という意味を表します。

戦争が終わってまもなく、食糧危機で都会から田舎に買い出しに行く頃まで使われていましたが、最近ではほとんど使われません。

ビジネスシーンでは「だいたい」が頻繁に使われる

「だいかえ」と読むのと**「だいたい」**という言葉は、同じ意味で使われます。「他のもので代えること」を表します。

実は、ビジネスの場では、この「だいたい」という言葉が頻繁(ひんぱん)に使われます。「代替案」

を出しなさいとよく言われます。

実は、「だいかえ」というのは間違った読み方です。でも、「だいたい」というと、「大体」という言葉と同じ発音なので、意味を取り違えてしまう可能性が少なくありません。

「A君が休みなので、誰か〝だいたい〟しておいて」

と言われたらどうしますか。誰かが「大体」でいいからA君の仕事をやればいいような意味に取られかねません。

「だいかえ」なら「代わりに誰かが」という意味で間違わずに済みます。

「大体」と「代替」、「漢字」と「感じ」、「放送」と「包装」、「愛情」と「哀情」など、同音異義語を挙げれば切りがありません。

同音異義語をどうしても使わないといけない場合は、間違った意味に取られないために、前後の言葉でそれらを補う必要があります。

「かんじが違うね」では、漢字が間違っているのか、感じが違うのか、わかりません。

もちろん、「どんな状況で使われているのか」がわかれば間違うことはないのですが、状況がわからないときは、「彼が書いたかんじは違うね」と言えば「漢字」だとわかりますし、「着たかんじで全く雰囲気が違うね」と言えば、「感じ」ということがわかります。

誤解されないためには、できるだけ語彙を豊かに使うことも必要なのです。

さて、それでは、「代替」を**「だいがわり」**と読むことの説明をしましょう。

実は、これは同じ読み方で、二種類の意味があります。つまり同音異義語です。

ひとつは、世代交代の意味で、社長などが替わることを言います。

そしてもうひとつは、取引相場で、相場が値上がりし、値段が今までの円位からその上の円位にかわることを言います。

ただ、この相場の「代替」は今では「台替り（だいがわり）」と書かれるようになり、さらに取引が口頭ではなくコンピュータで行なわれるようになってしまったために、ほとんど使われなくなってしまいました。

言うまでもなく、時代の変化とともに、使われなくなり忘れ去られる言葉というのも少なくないのです。

順次（じゅんじ）、逐次（ちくじ）、随時（ずいじ）

――〝受身〟〝能動〟〝条件〟で使い分ければいい

あるとき、「3歳以下の子供は、入れません」と書いてある児童館の催しの看板の前で、ちょうど3歳くらいの女の子を連れたお母さんが悩んでいました。

そこへ、同じくらいの年の子を連れたお母さんが現れ、係の人を呼び「うちの子は3歳になったばかりなんだけど、入っていいのかしら」と聞きました。

係の人は、「3歳未満ももちろんですが、3歳以下もダメです」と答えて、さっさと中へ入ってしまいました。

「以下」「未満」というのは、日常使われる日本語で、知っておかなければならない言葉の使い分けのひとつの例です。

漢文では「未満」は、「いまだ、満ちず」と読みます。

つまり、「3歳未満」は、「まだ3歳に満ちていない（3歳になっていない）人」となります。

「以下」は「以（もっ）て下」で、「3歳になった人も入れてそれより下」ということになります。

さきほどの、児童館の係の人は、「3歳未満の人、つまり3歳になっていない人はもちろん入れませんし、3歳になった人も入れません」ということを言ったのです。

看板には「4歳以上の人なら入れます」と書いたほうが親切だったのです。

これなら、「4歳」と書いてあるので、3歳になったばかりの子供を連れたお母さんはいらっしゃらなかったことでしょう。

また、別の日にある渓谷（けいこく）に行ったとき、吊り橋があり、「100キロ超の人は、危険ですので渡らないでください」と書いてありました。そして、その吊り橋の前で、大きな男性が悩んでいました。

おそらくその人は、100キロを超す体重があったのだと思います。橋の下50メートルほどの下には、ゴツゴツした巨岩が見えます。渡ろうとして、もし、橋が落ちたら、命に関わる事故になることは必至です。

「昨日、体重を量ったら97キロだったので、渡っても大丈夫でしょうか」と聞かれたのですが、「難しいところですね」と答えるしかありませんでした。

私は高所恐怖症なので、橋を渡らずに遠回りをして山を越えたのですが、その人も結局、同じルートを辿られたようでした。

「100キロ超」という言い方は非常にあいまいな言い方ですが、「100を超えている」という意味なので、実は100キロの人は当てはまりません。

97キロでも100キロの人でも渡ることができますが、「100キロより1グラムでも重い体重の人は危険ですから渡らないでください」ということになります。

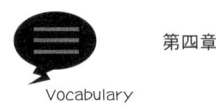

「いつでも」と「随時」を同じに使わない

似たような言葉に、「順次」、「逐次」、「随時」という言葉があります。

「順次」という言葉は、「順番に次々に」と読み替えるとわかりやすくなるのではないかと思います。

「順々に」とか「じゅんぐりに」ということを表します。特に室町時代くらいまでは、「年を取った順番に、人は亡くなるものだよ」などというような意味で「順次」という言葉は使われていました。

さて、それでは**「逐次」**というのはどういう意味でしょうか。

「逐次」というのは、実は古くからある言葉ではなく、明治時代になってから新しくつくられた言葉です。

「駆逐」という言葉からは「駆逐艦」という軍艦の種類をイメージする人も多いかもしれませんが、「逐」というのは、本来は「追い詰める」ということを意味します。

「逐次」というのは、「順次」のように「年を取った人から順番に」というような優しい受身的なものではなく、もっと能動的に「はい次！　はい次！」と追い詰めるように「次から次に」物事をこなしていくような順番です。

週刊誌、月刊誌、季刊誌、年刊誌などを「逐次刊行物」と呼びますが、こういう物を出す側は、本当に〆切に「逐（お）われるように」原稿を書き、編集をしなければなりません。

時間に追われる「逐次」という言葉が、明治時代になってから現れたのは、「時計」を一般の人たちも腕にはめるようになって、「時間」の感覚を身をもって知ったことと無関係ではありません。

さて、もうひとつ、**「随時」**という言葉も説明しておきましょう。

「随時、ご入会いただけます」というスポーツジムなどの看板で見ることがよくあります。

なんとなく「いつでも入会できますよ」という意味で使われるように思っている人も少なくないのではないかと思います。

「いつでも入会できる」のであれば、そう書けばいいのに、どうして「随時」と書かれているのでしょうか。

それは、「随時」と「いつでも」の意味が違うからです。

「随時」は、「時に随（したが）って」と読むことができますが、これは本来「そのときの条件に従って」という意味なのです。

「今月は入会金が無料です」「今月、入会された人だけ無料になります」「今月入会した人には、スポーツタオルを進呈します」など、スポーツジムでは、いろいろなキャンペーンをやっています。

「そのときのキャンペーンの条件に随って、入会いただけますよ」というのが、実は「随時入会」の意味なのです。

「順次」「逐次」「随時」、似たような言葉でもそれぞれ意味に違いがあるので、使用には注意が必要です。

汎用（はんよう）

――「ぼんよう」と読んでしまうと恥をかく

「汎用機として発売された製品」、「汎用性の高いシステムで、とても使い勝手がいい」という言葉をよく見かけます。

「汎用」を「ぼんよう」と読む人が増えていますが、「はんよう」と読むのが正しい読み方です。「ぼんよう」と読むと漢字は「凡庸」となります。

「凡」と「汎」の使い方を間違わないために、それぞれどのように違うのかを説明し

ておきましょう。

「凡」という漢字の「几（八）」は、何に見えますか。

　これは、「大きな板」や「大きな布」の形を真似て描いたものです。そして真ん中の「、」は、「この板ですよ！」「この布ですよ！」というように、指でそれを指し示すことを意味しています。

　大きな板（大きな布）は、いったい何を意味するのでしょうか。これは、全体を大きく覆っていることを意味しています。

　ですから「凡」という字には「凡そ（おおよそ）」という意味があるのです。おおよそ、だいたいは、こんな感じですよという意味で使われるものです。

　この漢字を使った熟語で最も使われるのは「凡人」「凡庸」です。

「凡人」は「だいたいの人」、「凡庸」は「だいたい普通のこと」というのが本来の意味です。つまり、「特別変わったところがあるわけではない人（もの）」ということで、「つまらない人（もの）」ということを表します。

　ところで、「凡人」「凡庸」の「凡」は「ぼん」と読みました。

もうひとつこの漢字を使った熟語でよく使われるものに「凡例」というものがあります。これは「はんれい」と読みます。

どうして「ぼん」と「はん」と二つ読み方があるのでしょうか。

先に「呉音」と「漢音」という話をしましたが、「ぼん」は呉音、「はん」は漢音の読み方になります。

読み方によって意味が変わるというわけではありません。ただし、一般に古い仏教の言葉で使われるような言葉は「ぼん」と読まれることが多く、新しい思想や科学技術などで使われるような場合には「はん」と発音される傾向にあります。

さて、では「凡例」とは何でしょうか。これは、書物の初めに、「おおまかに、だいたいの」、その本の要旨や記述の方法など約束事が書かれているということです。

〝さんずい〟がつくと積極的になる

それでは、「汎用」という言葉で使われる「汎」という漢字は「凡」とどのような違いがあるのでしょうか。

「氵」がついた「汎」は、「凡」に比べて、積極的な意味があります。

それは、もともと「汎」に「ぼん」という読み方がないことと無関係ではありません。

「汎」は「氾」と同じ意味で使われる漢字です。「川の氾濫（はんらん）」などという言葉で使う「氾」で、水が「あふれる」ことを意味します。

「凡」が上からものを覆うことを意味するのに対して、「汎」はその覆う範囲をどんどん広げていく力を持っています。

ですから、「汎用性がある機械」とは、使い方によっては、本来の作業をするためのものという枠を越えて、応用して別の利用もできる機械ということを意味します。

「凡」が「おおよそ」という意味であるのに対して、「汎」は「あまねく」「あふれる」という意味があります。

ですから、たとえば広く人を愛するというのに「博愛」という言葉がありますが、これを「汎愛」と書くと、もっと大きくあふれるような愛で人を愛するというような意味になるのです。

セグメンテーション

——今や常識として知っておくべき
〝マーケティング用語〟を押さえておこう

「セグメント」という言葉をご存じでしょうか。アメリカ人の子供は、小学生のとき、算数の時間にこの言葉を習います。

「二つの点に挟まれた直線の部分」という意味で使われる線分（ライン・セグメント）という言葉です。

次に彼らが実際の生活の中で覚えるのは、「マンションの区分所有者」という意味での「condo segment（コンド・セグメント）」です。「コンド」はマンションのことです。ところで、こうした言葉から派生して、「セグメント」あるいはその動詞を名詞化した「セグメンテーション」という言葉がマーケット用語としても使われます。

「市場の細分化」ということです。

あらゆる人のあらゆるニーズに対して宣伝広告をしても、その8割ほどはムダになると言われています。

そこで、「若者向け」「女性」「冬物」「衝動買い」「50代」「男性」「レトロ」「ボーナス商戦」など、購買層のターゲットをどんどん分割して、そこに集中的に宣伝を注入するのです。

現在のように、多様化が進み、インターネットであらゆるものが検索され、すぐに消費者から評価されるという時代には、特に「セグメンテーション」をどのように絞っていくかが、マーケティングにおいて重要なファクターになってきます。

セグメンテーションという言葉を知っていれば、**会議や打ち合わせの場でもスムーズに話が進みますので、知っておくべき言葉のひとつ**です。

傍(かたわ)ら痛(いた)い・片腹痛(かたはらいた)い

——平安時代から続く「親父ギャグ」とは？

傍ら痛いとは、「そばで見ていてハラハラする、気の毒に思う」「恥ずかしく思う、きまり悪く思う」という意味です。それと似た片腹痛いは、「おかしくてたまらない」「笑止千万である」という意味があります。

会議などで人の話を聞きながら、「こんなこと、言わなければいいのにな……」と時々思うことがあるでしょう。

アイデアも良く、会議で企画が通れば、きっと素晴らしいことができるだろうけれど、この人のプレゼンはいつも一言多い、他の人の意見に対して感情的になって反論してしまう……。

見ていて「ハラハラする」というようなときに「かたわらいたい」というような使い方をします。「傍ら痛い」と書き、**「側にいたり、側で見ていて、痛々しく感じてしまう」という意味**で使います。

平安時代後期、今からちょうど千年ほど前に書かれた『源氏物語』（若紫巻）に出てくる言葉です。

美しく高貴な源氏の君が、突然、「側を通りかかったので」と言って病気でふせて、むさ苦しく汚くしている人の部屋にお見舞いにやってきます。

源氏の君は、その部屋を気にしません。ですが、源氏の側にいる人たちは、「病気でいる人は、気をつかうだろうにな」と気を揉（も）んで「傍ら痛し」と思うのです。

たとえば、使い方としては、同僚に「あのときのプレゼンで、課長はまた余計なことを言い始めただろう。ここまで何カ月もかけて練ってきたプロジェクトだと君から聞いていたから、課長の余計な言葉で計画が台無しになるのではないかと、僕は『傍ら痛く』思いながら聞いていた」といった具合になります。

ただ、この言葉は、「笑止千万」という意味もありますので注意が必要です。

読み方は似ていても、意味は大きく違う！

その場合は、「片腹痛い」と書きます。

おかしくてたまらないと、笑っているうちにお腹が痛くなってしまいます。この笑いすぎてお腹の筋肉がひきつるようなことを「片腹痛い」と表現するのです。

これは、室町時代頃から使われ始めました。そして、明治時代には二葉亭四迷（ふたばていしめい）が『浮雲』の中で次のように使っています。

「それだから此の息子は可愛いよ。片腹痛い言（こと）まで云いやがって」

つい笑ってしまうようなことを言うという意味で、二葉亭四迷は使っているのです。

私は仲間と年に一度、都内の料亭で落語家さんを呼んで、おもしろい話を聞きながら食事をする会をやっています。

この会には、太鼓持ち芸人の人がひとりいらっしゃるのですが、この人はおかしなことを見たり聞いたりしたときに、ただ**「おかしいよ！」と言うのではなく、笑いながら「ああ、片腹痛い」と言います。**この言葉はそんな使われ方をする、粋な言葉なのです。

日本語には、外国の言葉に比べて、とても多くの同音異義語があります。「はし」という同音でも、漢字で書けば「箸」「端」「橋」という異なる意味の言葉になります。

この同音異義語を使っての言葉遊びは「親父ギャグ」などとも呼ばれたりしますが、「片腹痛い」という言葉も平安時代末期の「親父ギャグ」から生まれてきました。

「あの人のことを見ているとハラハラする」と「傍ら痛く」思いながら、実は、「笑ってしまう」という意味で使ったのが広く普及したのです。

斟酌（しんしゃく）する

——実は「お酒」に関する言葉だとわかると、グッと使いやすくなる

さて、「忖度」と合わせて覚えておくといい言葉があります。「斟酌する」という言葉です。

「斟酌しない批評」

「未成年者であることを斟酌して責任を問わない」

「何卒（なにとぞ）かかる事情をご斟酌いただき、あしからずご了承いただきますようお願い申し上げます」

……など、こういった具合に使われます。

「斟酌」という言葉は、「忖度」とよく似ているのですが**「相手の事情や心情を汲（く）み取ること」**、また「汲み取って手加減すること」から、**「遠慮する、言動を控えめにすること」**という意味で使われます。

ですから、「斟酌のない批評」は、「はっきりと遠慮も手加減もなく、あからさまな批評」ということになるのです。漢字の語源から説明しましょう。

この「斟酌」という漢字は、「斟」も「酌」もお酒に関係する言葉です。

「酌」は、今でも「酌をする」という言葉で使われますが、本来は、瓶（びん）に入ったお酒を、柄杓（ひしゃく）で汲み出すということを意味しました。相手にどれだけお酒を汲んで、注いであげようかと考えて、お酒を差し上げるということです。

遠慮する、控えめにする、手加減する

同じように「斟」も「斗」という長い柄のついた柄杓でお酒を注ぐという意味です。

「斟」の左側の「甚」は、「はなはだ」と読みますが、「とてもおいしいお酒」という意味です。

「未成年であることを斟酌して責任を問わない」というのは、「未成年であることを考慮して」という意味になるでしょう。

また、どうしようもない事態になって仕事の責任などを負うことができなくなった場合のお詫びの手紙で、「何卒かかる事情をご斟酌いただき、あしからずご了承いただきますようお願い申し上げます」と表現することがありますが、こちらも「ご考慮を賜り」という言葉で言い換えることができます。

先に述べた「忖度」という言葉が「相手の心を推し量る」ことを主に言うのに対して、「斟酌」のほうは、「相手の心を推し量った上で、それに処置を施す、対応する」という**行動が入っていることを覚えておくといいでしょう。**

忖度と同様に斟酌も、地位のある人や年配の人はよく使いますので、理解しておきましょう。

Vocabulary

第五章

そもそも間違って覚えている可能性が高い語彙

社会人になったらこの間違いは許されない！
「勘違い」を「正しい」と思っていないか？

的（まと）を射（い）る

――ちょっと考えればわかるはずなのに「得る」としてしまう

この章では、そもそも間違って覚えている人が多い語彙、誤用してしまいがちな語彙をご紹介していきます。

「言い間違い」が定着して、変な言葉になってしまうということは、昔からあるものです。

たとえば「新しい」という言葉を、どう読みますか？

「あたらしい」と読む人がほとんどだと思いますが、本当は、この読み方は言い間違いです。

本当は、「あらたしい」と読むのが正しいのです。

ただ、「新たな心境」「新たな土地」「新たな年」という言葉を「あたらな心境」「あたらな土地」「あたらな年」とは言いません。

「あたらな」と言ってしまうと、「当たらない」というような否定的な言い方になってしまうため、この「あたらしい」という言い間違いは適応しないのです。

こんなふうに考えると、言葉というものは、生物が環境に適するように生きているのと同じようなものに感じられて、とてもおもしろいものです。

さて、「的を射る」という本来の言い方を、言い間違えて、最近は「的を得る」と言っている人のほうが多いようです。

でもよく考えてみてください。

「的」というのは、弓道で使われるものです。本来なら的はやはり「矢」で射るものでしょう。

それなのに、「的」ごと手に入れてしまっては、矢を射ようとしても射ることさえできなくなってしまいます。

弓道やアーチェリーなどをする人以外は、「的」というものを実際に見る機会はあまりないのではないかと思いますが、古代の日本や中国では、「弓」は、君子にとって重要なたしなみだとされていました。

中という漢字を反時計回りにしてみる

「的を射る」ときには、もちろん、的の真ん中を狙うわけですが、矢が真ん中を射た状態を書いたのが「中」という漢字です。

「中」を反時計回りにして見ると、矢が的の真ん中に当たって貫いていることがわかるのではないでしょうか。

「中」という漢字に「あたる」という読み方があるのは、こうしたことによるのです。

「中」というのは、「中庸」という言葉で説明される徳目です。

漢文では「過不足ないこと」が「中庸」であるとされますが、「過ぎてもダメ、足りなくてもダメ、すべてにおいてちょうどいい状態」を表します。これは、最も難しいことです。

「的を射る」を、別の言葉で言えば「中庸」と言えるでしょう。「的確に要点を捉える」というのがこの言葉の意味ですが、「的確」であるためには、的の中心を射るように、狙いを定める必要があります。

そして、そのためには心を落ち着けなければなりません。

心を落ち着けて、今、使おうとする言葉も、一度、「これで正しいのかな」と考えると、「的を得る」という間違った言葉も使わなくて済むようになるかもしれません。

ついつい使ってしまう「的を得る」という言い方ですが、正しくは「的を射る」ですので、注意が必要です。

言葉(ことば)を濁(にご)す

――3割近くの人が確実に間違えている事実がある

「濁る」という言葉は、あまりいい言葉ではありません。

基本的に日本語では、語頭に濁った音、「濁音」を置くのを嫌います。というより、語頭に濁音がある倭言葉(やまとことば)は、『古事記』や『日本書紀』『万葉集』などという古代の本には、全くと言っていいほどありません。

後世、たくさん濁音で始まる和語は出てきますが、それらは、ほとんど良くない意

味の言葉です。

「言葉を濁す」という言葉を聞いたことがあるでしょう。

最近では、こういう表現を使うより、「ごまかした」というような言い方をされるほうが多いようですが、「ごまかす」というのは、表現としても幼稚ですし、いい言葉ではありません。

「ごまかす」は、「誤魔化す」と漢字を使って書かれることもありますが、これは当て字で、「ごまかす」は倭言葉のひとつです。

ごまかすとは、当然ですが、「ご」という濁音で始まっています。

ほかに少し、濁音で始まる和語を出してみましょう。

「がらくた」「ぎとぎと」「ぐうたら」「ごみ」「ざんばらがみ」「じろり（と見る）」「ずうずうしい」「ぜに」「だらだら」「ずるずる」「ぜーぜー」「ぞろり」……。

これくらいにしておきましょう。

「さらさら」だときれいな感じがするのに「ざらざら」と言われたり書かれたりする

と、少し嫌な感じがします。

「あいまいに言う」と「もごもご言う」で〝言葉〟と〝口〟に分かれてしまった

さて、「言葉を濁す」という話に戻しましょう。

この言葉の意味は、都合が悪いことなどを「あいまいに言う」とか「はっきり言わない」ということを意味します。

もちろん江戸時代やそれ以前も、都合が悪いことなどを、「あいまいに言う」あるいは「はっきり言わない」というようなこともあったとは思うのですが、おもしろいことに、**明治時代以前の語彙にはこういうような表現がひとつもない**のです。

古代の日本人は、もしかしたらこんな場合「言葉を濁す」よりも、黙って口を閉じてしまっていたのかもしれません。

「言葉を濁す」という言葉は、別な言い方をすると言葉を「ぼやかしてしまう」ということになります。

はっきりきれいに発音すべき事柄を〝もごもご、まごまご〟と口の中で言葉を呑みこむような言い方をしてしまう。それで、いつの間にか「口を濁す」というような表現が使われるようになったのです。

２００５年に行なわれた文化庁の「国語に関する世論調査」によれば、「口を濁す」という表現を使う人は27・６％、「言葉を濁す」という人が66・９％、「どちらも使う」が３・１％、「どちらが正しいかどちらが間違っているかわからない」という人が２・４％という結果が出ています。

ただ、２００５年からすでに10年が経過した今、筆者の観察では「口を濁す」を使っている人が増えているような気がします。

もちろん、まだ今のところ、「口を濁す」という言い方は、間違った言い方だということになっています。

「口を濁す」と言ってしまいがちですが、正しくは「言葉を濁す」だと知っておいてください。

耳（みみ）をふさぐ

――そもそも常識的に考えれば〝ふさぐ〟か〝閉じる〟しか、ありえない

古代中国の歴史書の中で最も有名な本に、司馬遷（しばせん）という人が書いた『史記』があります。

横山光輝の漫画にもなっていますし、司馬遼太郎（本名、福田定一）は、

「自分は、司馬遷には遼（はる）かに及ばない」

と言ってペンネームを「司馬遼太郎」としたという逸話があったりして、司馬遷の

『史記』という本を知っている人も少なくないと思います。

さて、その**『史記』の注釈書『史記正義』に「耳を洗う」という逸話が載せられています。**

昔々、中国で初めて帝となった堯帝（ぎょうてい）は、廉潔（れんけつ）な人物として知られていた許由（きょゆう）に、天下を譲りたいと言いました。

すると、許由は、「とんでもない。そんな言葉は聞きたくない。しかし聞いてしまったからには、この耳を洗わずにはいられない」と言って、潁水（えいすい）で耳を洗ったと言われます。

さて、もうひとり巣父（そうほ）という人物も堯帝から、同じように「天下をあなたに譲りたい」と言われました。

巣父も耳を洗おうと牛を引いて潁水に来たのですが、そこで許由が耳を洗っているところを見て、その理由を聞きました。

はたして、巣父は、そんな汚い言葉を洗った水を牛に飲ませるわけにはいかないと言って、牛を潁水の上流に引いて行ったというのです。

嫌な情報を〝耳に入れたくないとき〟どうするか？

聞きたくない言葉を聞いてしまったときには、この故事から「耳を洗う」というようなことを言います。

しかし、嫌なことを言われている間は「耳をふさぐ」しかありません。この言葉は室町時代からあった表現で、別に「耳を閉じる」という言い方もありました。

ところが、最近、「耳をそむける」と言う人が増えています。

「そむける」という言葉は「背ける」と漢字では書きます。

「背」は、下部の「肉月」に「北」という漢字が上に載っています。

先にも述べましたが、「北」というのは、もともと人が反目し合っているところを描いたものです。

さて、見たくないものから「眼をそむける」ことはできても、聞きたくないものに対して「耳をそむける」ことはできません。

耳は、音が入ってくる耳の穴を「ふさぐ」か「閉じる」ことによってしか、嫌な情報を耳に入れることから逃れることはできません。

「耳をそむける」という言い方は、やはりそう考えても間違った使い方ということができるでしょう。

ところで、嫌なことを聞いたときに表現する「耳を洗う」という言葉ですが、この影響を受けて、本来はなかった「眼を洗う」という言葉が我が国では江戸時代に流行ったことがあります。

「嫌なものを見たよ、眼を洗わなくちゃ」というのですが、これは「耳を洗う」という故事を知っている人たちが冗談で使ったものです。

溜飲（りゅういん）を下（さ）げる

――「晴れる」と使う人が増えてきたけれど……


「胸をすっきりさせる」

「不平・不満を解消して気を晴らす」

という意味の言葉で「溜飲を下げる」という言い方があります。

「溜飲」とは、本来は「胃の消化作用が不調となり、酸性のおくび（げっぷ）が出ること」を言います。

しかし、「酸性のおくび」と言われてもよくわからないでしょう。

実は、「溜飲」という言葉は、**江戸時代の中頃、１８００年頃から流行り始めたものなのですが、皆、わかるようなわからないような、なんとなくかっこいい雰囲気の言葉として使ってきた**ものなのです。

「酸性のおくび」である「溜飲」は、「胃が痛くなってしまいそうな心配事、不平、不満、恨み」を表します。

現代の言葉で言えば「神経性胃炎」というのが最も適当なものだと思います。

たとえば、テレビドラマなどで、憎らしい悪い奴がとうとう尻尾を出して、みんなから顰蹙（ひんしゅく）を買い、警察に捕まる、というような場面を想像してみてください。

清々した気持ちになったときに、「溜飲が下がった」というような使い方をします。

ただ、「清々する」という言葉は、「気が晴れた」という言い方もできます。

なんだかこの悪い奴がいることで、話が暗い方向に進んでいる。しかし、その悪い奴が警察に捕まって悪事がすべて暴かれる。

まるで、先ほどまで垂れ込めていた暗黒雲が晴れて、青空が広がるような気がしてきます。

それで本来なら「溜飲という、げっぷを出す嫌な胃酸が胃の中に降りていって治まってくれる」という意味で「溜飲が下がる」と使わなければならないところを、「溜飲が晴れる」という言い方が使われるようになってきました。１９８０年代のことだと言われています。

26・1%が「晴らす」と言ってしまう

２００７年度の文化庁による「国語に関する世論調査」では、「溜飲が下がる」という使い方をする人が39・8％に対して「溜飲を晴らす」という言い方をする人が26・1％であると報告されています。

しかし、最近では「溜飲を下げる」という言い方さえも知らない若者が増えてきているのも事実です。

私が、学生を対象にしている漢字教室で試験をしたら、多くの学生が「溜飲」を読めませんでした。

ちなみに、夏目漱石は『吾輩は猫である』の中で、

「じいさんが障子をあけると二日間の溜め呑みをやった煙草の煙りがむっとするほど室のなかに籠もっているじゃないか」

と書いています。

「ある期間中呑むことのできなかったもの、あるいは飲むことができないものを、まとめて一気に飲むこと」を意味する「溜め呑み」という言葉は、明治時代の小説ではよく「溜飲」と書かれています。

溜飲が下がるは、溜飲が晴れると表現してしまいがちですが、正しく使用しましょう。

踏襲(とうしゅう)

――「襲」の本来の意味は
〝攻める〟〝襲いかかる〟ではない

以前、ある高校の先生からお手紙をもらったことがあります。

「生徒が、踏襲という言葉を、踏みつけて襲うと書くのに、〝どうしてこれが先人の説をそのまま受け継ぐという意味になるのか教えてほしい〟と言うのですが、私にもわからないので教えていただけませんか」

という内容でした。

「踏襲」を、最近の高校生は「踏みつけて襲う」と読むのかと驚きましたが、まあそう読めないわけでもありません。

ただ、「踏む」という言葉は文字通り「ふむ」と読みますが、その「踏み方」はペタペタと足踏みをするような踏み方です。

「踏みつける」という表現には、「蹂躙（じゅうりん）」という熟語があるように「蹂」や「躙」がそれにあたります。

さて、「踏」は「舞踏」という熟語でも使われますが、本来はとても高貴な意味で使われる言葉でした。

それは、「舞踏」が今のような芸術としてのダンスではなかったことを思えばわかる人も少なくないかもしれません。

舞踏とは、神様への捧げ物として行なわれた行為で、古代中国では神様と言えば「先祖の霊」を指しました。

実は、踏むとは、「先祖が敷かれた道を自分たちも踏んで歩いて行きます」という感謝を込めて「轍（てつ）を踏む」という意味を持っているのです。

さて、「踏みつけて襲う」の「襲」ですが、「襲撃」とか「襲来」などという熟語で使われて、少し怖い漢字です。

現代人の感じるイメージと昔の人が感じるイメージは違う

ですが、「不意に攻める」「相手に襲いかかる」というのは、この漢字の本来の意味ではありません。

もともとこの漢字は、平安時代の**貴族の女性が着た「かさね」（十二単）のように、何枚も衣服を重ねて着ることを表します。**

つまり、これも先祖が着ていた衣服に、自分の衣服を重ねて着るという意味で、先祖の衣服（業績）を大事に守って行くという意味を表すのです。

ですから、古代の中国では、帝位を譲られて継ぐことを「帝位を襲う」と表現しました。決して「奪い取る」という意味ではありません。

漢字は、私たちが表面的に知っている以上の深い意味が込められていることが少なくありません。

語彙力をつけるためには、その漢字の成り立ちや古代の中国、日本の文化などを知ることも助けになります。

踏襲とは、前人のやり方などを受け継ぐことを意味しているのです。

漢字だけを見ると、ネガティブな印象を抱いてしまうかもしれませんが、本当の意味を知り、使いこなしていきましょう。

瑣末（さまつ）

——重要ではない小さなことを表現

「瑣末」という言葉は、なかなか読める人が少ないかもしれません。読み難い漢字ではないかと思います。

では、「些末」は読めるでしょうか。

「瑣末」も「些末」も、これらはどちらも「さまつ」と読みます。

「瑣末」を「はんまつ」、「些末」を「しまつ」と読む人が増えていますので、注意しましょう。

「瑣」という漢字は、「石の小さいもの」「細かくなった玉」を表します。

また、人物が小さくてつまらないというような場合に「瑣近な人」という言い方があったりもします。

「瑣末」の「瑣」は読めなくても「鎖骨」という漢字は読める人が多いのではないでしょうか。

「鎖骨」の「鎖」は、「くさり」と読みますが、「鎖のようにつながった骨」というので、このように名前がついたと言われています。

「鎖」と「瑣」は偏の「金」と「王」の違いがあるだけです。

金属製の小さい輪っかが「鎖」です。「瑣」の「王」は本来は「玉」と書かれるものなので、これは小さな翡翠、水晶のようなものを表します。

要するに、金属と石との違いはあるものの、どちらも「小さいもの」を指しているのです。

瑣末とは、重要ではない小さなことを意味します。

さて、ついでに「些末」の「些」についても記しておきましょう。

「些」は、日本語では「いささか」という読み方でも使われます。「些か、伺いたいことがあるのですが」といったように使われるのです。

また、「些と」と書いて「ちょっと」「ちっと」と振り仮名を付けた使い方が夏目漱石の小説など明治大正の文学作品にも見られます。

「いささか」「ちょっと」、これも別の言い方で言えば「ほんの少し」という意味になります。

「些細なこと」という言い方もありますが、これも「ささい」と読みます。

「些末」を「しまつ」、「些細」を「しさい」と間違って読みやすいのは「仔細」という言葉があるからでしょう。

「仔細」も「細かなこと」という同じ意味なのですが、読み方という観点からすればこちらには「子」という漢字が見えますので、「子」の音読みである「し」を思い出せば「しさい」という読み方ができるのではないかと思います。

惹起（じゃっき）

――「起こして」こちらに「惹（ひ）き寄せる」と覚える

「相手の気を惹く」

「視聴者を惹きつけるための演出」

など、「惹」という漢字を「ひく」と読むことが多いからだと思いますが、「惹起」を**「ひきおき」と読む人が多い**ものです。

「惹起」は、「じゃっき」と読みます。

漢文的に「惹き起こす」と読んでみましょう。

事を惹き起こすこと、事件や問題となる事柄などを惹き起こすときに使います。悪いことを「惹き起こす」ときに多く使われますが、必ずしもそうとは限りません。

そのことが重大な国際問題を惹起させた。

反独立運動の感情を惹起することになった。

自分がそういう問題を惹起するもとになるとは、思いもしなかった。

いろいろな連想を自由に惹起させる。

などと使います。

ところで、少しだけ「惹」という漢字の意味を記しておきましょう。

「惹」は、よく見るとわかるように、「若い」と「心」が合わさってできた漢字です。

「若い」という漢字は、「弱年」、英語の「ヤング」などの意味で使われますが、実は、それらは**「やわらかい、なよなよしている、柔軟な、じんわりとした」という意味から派生した**ものです。

「惹」というのは、そうした「心」を表しているのです。

ですから、「惹き起こす」というのは、まだ固まっていない柔軟な要素から様々に枝分かれした思考や問題がどんどん出てくることを意味します。

相手の心を「惹きつける」というのも、そういうふうに考えるとおわかりになるかもしれません。

年齢の問題ではなく、相手の心がまだ固まった決心に至っていない、なよなよとした状態であれば、そこに意見を出したり、思いを伝えたりすることで、相手の心をこちらに向かわせることができるというのが「惹きつける」ということです。

相手の気持ちを、ちょっと「起こして」、こちらに「惹き寄せる」と覚えておけば、「惹起」の読み方も間違えずに済むでしょう。

Vocabulary

第六章

心の状態をうまく〝表す〟〝伝える〟ための語彙

「ポジティブさ」も「ネガティブさ」も
併せ持つのが社会人

真摯（しんし）

――〝素直さ〟だけでは不十分

社会人として、相手や自分の心の状態を理解したり、伝えることは非常に大切です。ポジティブなこともネガティブなことも、両方うまく表現できる人が評価されていきます。

長年、学生に接していると、「この学生は伸びるだろうな」と思うことがたまにあります。伸びる学生に共通して言えるのは、素直なことです。

私が尊敬する人物のひとりである松下幸之助の言葉に、

「素直な心になりましょう。素直な心はあなたを強く正しく聡明にします」

というものがあります。

『リーダーになる人に知っておいてほしいこと』（ＰＨＰ研究所）という本に、松下幸之助は、この言葉をわかりやすく次のように解説しています。

「素直になれば、ものの実相がわかる。色眼鏡で見ない、とらわれた心で見ないから、みなよくわかるだろうと。

赤い色は赤く見える、黒いものは黒く見える。まあ本質がわかる。そういう心を養っていくと、正しくものを見られる。

したがって賢くなり、聡明になってくる。聡明の極致は英知というか、その上は神知、神の知恵ですな。素直な心になれば、次には神の知恵になるという考え方をぼくはもっているんですよ」

ところで、素直な心であることは、もちろん大切なことです。しかし、素直な心にも、それを方向付けるベクトルのようなものがなければ、それは「素直」だけで終わってしまう可能性があります。

「素直でいいな、伸びそうな学生だな」と思っていても、「何を見たいか」「何を知りたいか」という目的に向かう力がないと、いつまで経ってもその学生は素直のままで、4年生の卒業間近になっても「いつになったら、伸びるのかな」というようなことになってしまうのです。そのベクトルというのか「これを明らかにしてやる」というような、「やる気」のようなものを示すのが「真摯さ」ではないかと私は考えています。

「正しい方向へのベクトル」と「明らかにするというやる気」がキーワード

漢字から「真摯」という言葉の意味を説明しましょう。

「真」は、旧字体では「眞」と書きます。上部の「匕」は、柄杓を表します。下の部分は、神様にお酒やお料理を捧げるときに使う「鼎（かなえ）（金属製の器）」です。

「眞（真）」という漢字は、身体と心を浄めた神官が、神様に対している「真心」を表しています。

松下幸之助の言葉を使って言うなら、「素直な心になれば、次には神の知恵になるという考え方をぼくはもっているんですよ」という部分が、本来の「真心」という意味になるのではないかと思います。

次の難しい漢字「摯」とはなんなのでしょうか。

これは「儀式を執り行なう」とか、「法令、裁判、行政などを執行する」という場合に使う「執」と「手」という漢字で成り立っています。

「執」という漢字は、両手を縛られている状態を表して、決められたことを間違いなく行なうということを意味します。

「摯」は、こうした意味の「執」にさらに「手」がつけられることによって、なんとしてもその儀式や法令裁判、行政などを行なうことを意味するのです。

ベクトル、あるいはどんなことがあっても証明したい、わかりたいという「やる気」というものが「真摯さ」なのです。

尽力（じんりょく）

――是非を超えて〝鉄の女〟サッチャーをイメージしてみる

人を動かすためには、人を納得させなければなりません。自分自身も、やらされ感を持っていては、なかなか動くことはできません。

では、人を納得させ、自分を納得させるための方法には、どのようなものがあるでしょうか。

人を動かし、自分を動かすために必要なことのひとつは、論理的に物事を説明し、「動くしかない」と考えさせることでしょう。

もうひとつは、情に訴えることです。

人は感情の生き物なので、論理だけではなかなか動くことはできません。

論理的にも、感情的にも、「やるしかない！」と思わせることが他人にも自分にもできたとしたなら、きっと他人も自分も、動かすことができるのです。

さて、人を動かすと言っても、政治家、あるいはその中でも首相となって国家を動かす人は、論理に訴える方法と感情に訴える方法をうまく使いながら、政府や国民に政策を説いていく高い技術を持つ必要があります。

たとえば、イギリスで１９７９〜１９９０年まで11年の間首相を務めたマーガレット・サッチャー（１９２５〜２０１３）は、「鉄の女」という異名を持つことでも知られています。まさに、論理的感情的に訴える方法で、イギリスの苦難を救いました。

政治のことですからもちろん賛否はあるでしょう。ただ「鉄の女」と言われるように、冷戦体制とテロが襲う世界情勢の中で「強いイギリス」「正しいイギリス」を冷徹な目**で実現させようとした意志とその政治力は、是非の判断を超えて素晴らしいものであっ**

たと私は考えています。サッチャーは次のような言葉を残しています。

精魂が尽きてなくなるまで力を尽くす

「社会というものはありません。あるのは個人と家庭だけです」

「私は、コンセンサスというものは、さほど重要なものであるとは思いません。あれは時間の浪費の原因のようなものですから」

「我々は核兵器のない世界ではなく、戦争のない世界を目指すべきです」

「言ってほしいことがあれば男に頼みなさい。やってほしいことがあれば女に頼みなさい」

このような彼女の言葉と尽力によって、１９８０年代のイギリスは動いていったのです。

ところで、「尽力」あるいは「力を尽くす」とは、本当はどのような意味なのでしょうか。

「尽」という漢字は、旧字体では「盡」と書きます。なかなか難しい漢字ですが「聿」に「灬」それから「皿」が合わさってできています。

これは「筆から墨がたれて、なくなること」を表します。

「聿」は筆です。「灬」は、墨がたれてもう出なくなってしまっていることを表します。墨がなくなって書けない筆は、また「皿」に入っている墨をつけなくてはなりません。

つまり、精魂が尽きてなくなるまで力を尽くすことが「尽力」という言葉の本当の意味なのです。

また「灰燼（かいじん）に帰す」という言葉があります。

燃え尽きてしまって、すべてが灰になってしまうという意味ですが、ここにも「盡」という漢字が右側にある「燼」という漢字が使われています。これも火で燃やされ尽くして、もう何も残っていないということを表している漢字です。

食糧雑貨商の家に生まれて、女性で初めて保守党党首、首相という地位まで上り、かつ11年に及ぶ首相の座を守ってイギリスに貢献したサッチャーは、「尽力」の人だと言えるのではないかと思います。

丹精（たんせい）を込（こ）める

――丹とは、赤ちゃんを意味する

「丹精を込めてつくった作品」、「丹精込めて育てた子供」などというような言葉があります。あるいは「丹精を込める」と同じ意味で「丹精を尽くす」という言葉もあります。

もちろん、ビジネスなどでも、丹精を込めて、念入りに時間を掛けて、計画を立て、プロジェクトを成功へ導くということもあるでしょう。

さて、「丹」という漢字を見て、何をすぐに思い浮かべますか。

私は、「丹頂鶴」が思い浮かびます。それでは**「丹頂鶴」は、なぜ「丹頂鶴」なのでしょうか。**

ご存じの人も少なくないとは思いますが、これは「赤い頭の鶴」という意味です。

「丹」は「赤色」を表す漢字なのです。

ただ、「赤」と言っても、様々な「赤」があります。「赤」という漢字は、炎のような「赤」を表したものです。

「紅」というのは、黄色い紅花からつくられた「赤」で、鮮やかなちょっと黄色かかった色のことです。

それでは「丹」というのはどのような色でしょうか。

「丹」は、紅色よりもまだもう少し黄色がやや強く、今すぐに見ようとすれば、たとえば、稲荷を祭（まつ）ってある稲荷神社に建てられているたくさんの鳥居を思い浮かべられればよろしいかと思います。

「丹」は、神社や仏閣の建物に塗るときに使われている色なのです。

実は、この「丹」が、神社や仏閣を塗るのに使われるのには、意味があります。

もともと「丹」は、水銀と硫黄を交ぜてつくられるものでした。

水銀は、猛毒です。また硫黄は、古くから酸化防止のために使われてきました。これらを混ぜてつくった「丹」は、建物の虫害や木材が腐ることや金属の酸化による腐食を防ぐものだったのです。

ただ、こうした有益性とは別に、この「丹」の色は、「血」の色にもよく似ています。古代の中国では神様に捧げ物をするとき、必ず犠牲の血を祭器や社に塗って使いました。

この「犠牲の血」を使う伝統と、虫害や木の腐敗や金具の酸化を防止するという実益性を兼ねて、「丹」は我が国でも神社や仏閣の塗装に使われることになったのです。

神様の意図をそのままに

さて、それでは「丹精を込める」「丹精を尽くす」という言葉はどういう意味なのでしょう。

虫害・金具の酸化をしないようにするという意味では、もちろんありません。

実は、「丹」は「赤色」の一種だと述べましたが、**我々が「赤ちゃん」というのを、古代の中国では「丹」という漢字で表していました。**

「赤ちゃん（丹）」は無心で、嘘いつわりのない心を持っています。

この赤ちゃんの心を「丹心」と言いました。また、「赤」という言葉を使う「赤誠（せきせい）」も、同じような意味です。さらに「丹誠」という言葉もあります。

しかも、古代では、赤ちゃんは「神様からの授かり物」という考えがされており、祭器を犠牲の血で染めると同じように、赤ちゃんが血で染まって生まれてくることと重ね合わせたものでもあります。

「丹精を込める」「丹精を尽くす」というのは、つまり、神様の意図をそのまま、赤ちゃんの無心の心のようにして、精神を込める（あるいは精神を尽くす）ということだったのです。

宥和（ゆうわ）

――なぜ、お金持ちはケンカをしないのか？

「ゆるす」という日本語には、漢字ではたくさん書き方があります。あなたは、いくつ書くことができますか？

「許す」

これは、自分や周りの状態などが、ある物事を行なうことを可能にするというような場合に書かれる「ゆるす」です。

「赦す」

これは、罪や咎（とが）、間違いなどをとがめないで済ませる、あるいは罰したものを赦免（しゃめん）するというようなときに使われます。

「聴す」

これは、相手の要求や願い事を「聞き入れる」というようなときに使われるもので、時代劇などでよく使われ、現代語ではあまり使われることはありません。

「宥す」

さて、これはどうでしょうか。

「宥和」「宥和外交」「宥和政策」という熟語で使われることが多い「宥」ですが、「宥和」とは「相手の態度を大目に見て仲良くすること」を意味します。

「宥和政策」は、英語では、appeasement policy（アピーズメント・ポリシー）という言葉で使われます。

Appeasement、アピーズメントの語源は、「平和」という意味の「ピース」と同根です。「アピーズ」というのは、「平和（ピース）にする」という単語からきています。

なんでも受け入れて和ませる

昔から、我が国には「金持ち喧嘩せず」という言葉が使われてきました。

「金持ち」という言葉は、もちろん単にお金を持っている人という意味ではありません。きちんとした教育を受けてきた教養のある人、というのがふさわしいでしょう。

ただ、そうした教育を受けることは、ある程度お金がなければできませんから、そういう意味で「金持ち」という言葉が使われているのです。

ところで、お金にゆとりがあって、教養もある人というのは、あまりイライラしたりすることがありません。

それは喧嘩をすれば、時間もムダにしてしまいますし、嫌な思いをすることがわかっているからです。

「宥」という漢字は、「有る（もの）」を「宀」（屋根のある所）に「入れる」という意味でつくられています。

わかりやすく言えば、なんでも「受け入れる」という意味です。**受け入れて「和んだ」状態にするというのが「宥和」の意味**です。

とても日本的な言葉だと思いますが、歴史の上では、1930年代にイギリスとフランスが、ナチスドイツに対して取った政策が「宥和政策、アピーズメント・ポリシー」として知られています。

結果的にナチスドイツの台頭を宥してしまうことになるわけですが、初めはわざと妥協的・消極的な手段を執って、局面を自国の有利になるように導こうとした政策でした。

このように国家間での駆け引きなどでも使われる「宥和」は、やはり深い考えを凝らすことができる教養がなくては、簡単にできることではないのかもしれません。

畏怖（いふ）

――「畏」の字源はマンガっぽい!?

『論語』に、**「君子には三つの畏れ（おそ）がある」（季氏篇）という文章があります。**

「ひとつは天命。そして二つ目は大人（たいじん）、つまり徳がある人。三つ目は古の聖人の言葉である」と孔子は言っています。古くから注釈には、これらはいずれも人が畏（かしこ）まり、驕（おご）る気持ちを怖気させるものであると述べてあります。

天命という言葉は、別の言い方であれば「運命」でしょう。「一寸先は闇」というように、次の瞬間に何が起こるか、それは誰にも予想することはできません。

そうしたものを「畏れる」という気持ちが、古代の人に特に強かったのは想像ができます。

次の「大人」、つまり「徳のある人」に対する「畏れ」ですが、ある人の前に立ったときに、自分がとってもちっぽけで薄っぺらい存在であるように感じたことは誰にでもあるでしょう。

徳がある人の前に出ると、自分が考えていること、自分のしてきたことがすべて、この人には見透かされているのではないかと思えて、気恥ずかしくなってしまいます。

そうした「畏れ」が「大人に対する畏れ」だと孔子は言うのです。

さて、三つ目の「古の聖人の言葉」というのは、ことわざのようなものです。

ことわざは、ある意味、誰かが言った言葉というのではなく、人間の英知や経験が積み重なってつくられたものです。

「笑う門には福来たる」「鉄は熱いうちに打て」「他山の石（人の振り見て我が振り直せ）」「実るほど頭を垂れる稲穂かな」、こうした言葉は、生きる上での大切な指針です。

ビクビクしていてもいけないし、尊大になってもいけない

ところで、「畏怖」の「畏」という漢字は、ちょっとマンガっぽい字源でおもしろいので紹介しておきます。

「畏」の漢字に見える**「田」は、「大きな頭」を描いたもの**です。

どのくらい大きいかと言えば、人の眼ではそれが頭であることを確認することができないほどの大きな頭なのです。

そして、この「畏」の下の部分は、手に棒の武器を持って人を脅している姿をしています。人の眼には入らないほどの大きな存在が、棒を持って人を脅していると、見えないものが自分を動かす、「天命」や「運命」を想像してしまいます。

「畏（れ）」というものは、こういう字源から言っても、眼に見えないものに対して抱く恐怖を言うものなのでしょう。

それでは、「怖」というものについてもせっかくですから触れておきましょう。

「怖」は「忄」で書かれた「心」と「布」が合わさってつくられています。

布は、ちょっとした風でもヒラヒラと揺れてしまいます。「怖」は、まさに、そうした「心」を表したものです。取るに足りないちょっとしたことでも、「畏れる」気持ちがあれば、人はビクビクと心を動かしてしまいます。

「畏怖」の心ばかりで、何事にもビクビクしていたら先に進むことができなくなってしまうかもしれません。しかし、こうした気持ちを失ってしまえば、人は「尊大」になり、傍若無人（ぼうじゃくぶじん）となって、我が物顔ですべてを支配するようなことになりかねません。

ちょうどその中間でありなさいというのが、「中庸」という孔子の教えです。

「中庸」は「適当でありなさい」と言い換えることができますが、なかなかそうしたところに達することができるものではありません。

しかし、「畏怖」や「中庸」という言葉を知っていなければ、そうありたいというイメージもつくることができないでしょう。言葉ですべてを説明することは不可能ですが、それでもやはり、言葉は「指針」を示してくれます。

古代からずっと培われてきた偉大な言葉は、我々を育ててくれる肥やしなのです。

辛抱（しんぼう）

――ただ我慢することが辛抱ではない

「辛抱」は、「辛さを抱える」と漢字で書かれますが、「まじめに働くこと」あるいは「節約」や「倹約」など「金銭をムダづかいしないこと」などの意味で使われます。

「辛抱」という言葉を使ったことわざには、

茨の中にも三年の辛抱

辛抱する木に金がなる

というのがあったりします。

「つらさを抱いて、じっと我慢し、まじめにムダづかいなどをしないで頑張っていれば、きっといいことがある」というような意味ですが、**実は「辛抱」という漢字は、当て字で、本当は「心法」と書くのが正しい**のです。

「心法」は、江戸時代の特に「禅」の影響を受けて流行した仏教用語です。

「禅」は、我が国では臨済宗や曹洞宗、黄檗宗などそれぞれの宗派によってやり方が異なったりもしますが、目的とするところは「心の体を存養し、心の用を省察する」ことだと言われます。

欧米でも禅は、とても人気がありますし、最近は著名な成功者は必ずと言っていいほど、坐禅を組んだり瞑想をすると言われますので、少し説明しましょう。

仏教や儒教など、中国や朝鮮半島、日本など東アジアで発達した思想の根元に、「人間は個人として見た場合には、必ず〝善〟である」という前提があります。

言い換えれば、「いい人になろう」「困った人があれば助けよう」という意識が、必ず根底にあるというのです。

「心の体を存養する」という言葉は、その「善」である心を、もう一度、自分でしっかり捉えようというものです。

「辛抱」ではなく「心法」で考えたほうがしっくりくる

儒教では、「心」は「器」のようなものであると考えます。大きくしっかりとした器であれば、そこにたくさんの物を入れることができます。

ですから、自分の心の形をしっかりと見つめ、少しずつ、大きくしっかりしたものにしようと意識を向けるようにしようというのです。

そして、同時に「心の用を省察する」という修行をします。

「心の用」とは、「心の動き」です。

自分の心が喜んでいる、怒っている、哀しんでいる、楽しんでいる、といつも自分で心の動きを確認し、それが正しい心の動きであるかどうかを考えてみる。第三者の目で、自分の心を眺めてみれば、冷静に物事を見つめることにもつながります。

「心法」とは、**わざわざ坐禅を組んで瞑想をしなくても、日常生活の中でも自然にそれを行なうようにという教え**なのです。

自分の心の器を大きくする、そして自分の心の動きをコントロールする、そうすれば、当然、理由もなく人を叱ったり、衝動買いでムダにお金を使ったりすることもなくなるでしょう。

「辛抱」というと、「我慢しなければいけない」というような意味になりますが、「心法」だと、自分自身をコントロールする方法と思えるのではないでしょうか。

窮迫（きゅうはく）

——「穴」＋「身」＋「弓」が迫ってくると覚える

「財政の窮迫」「窮迫した生活」という言葉がよくメディアで言われます。

行き詰まってどうしようもならなくなること、特に経済的に困難な生活を余儀なくされるような場合に使いますが、「窮」という漢字を使った語彙をせっかく覚えるのですから、いい意味の熟語を例にして考えてみましょう。

「無窮（むきゅう）」という言葉があります。

漢文式に読めば「窮（きわ）まること無し」ということになりますが、「永久」「無限」「万世」など、いい意味での「はてしないこと」を表します。

「窮」という漢字は、「穴」と「躬（きゅう）」という漢字を合わせてつくられています。

それから「躬」は「身体」というときの「身」と「弓」でつくられています。

英語の単語などでも同じなのですが、語彙を増やそうと思うときには、このように簡単なパーツに分解してみることです。

そのパーツが何を意味しているのかということを理解するようにすると、応用ができるようになり一気に語彙を増やすことにつながるのです。

語彙を増やすには、語彙をつくる一つひとつのパーツの意味を知ることが大きなカギになります。

さて、「弓」は、ここでは「弓道」の「弓」と似たようなもので、人間の背骨を表しています。もっとわかりやすく言うと、**「自由自在に伸び縮みができる背骨」です。そうした人の身体を「躬」という漢字は表しています。**

それでは、「穴」は何を意味するのでしょうか。これは文字通り「穴」です。

この穴の中に、クネクネと身体を曲げながら入って行くということを意味するのが「窮」という漢字の本来の意味なのです。

ただ、この「穴」は、必ずどこかに閊(つか)えてもうその先に行けないことを意味しています。

「無窮」というのは、つまり、「閊えてその先に進むことができなくなること、がない」という意味で、終わりのないことをいうのです。

クネクネと身体を曲げながら……

そのように考えると、「窮迫」という言葉もおわかりになるのではないでしょうか。

これは「無窮」という言葉と正反対の意味を持ちます。

「窮迫」の「迫」は、「せまる」という訓読みがあります。**「閊えてその先に進むことができなくなること」**が、**「迫って」やってくる**のです。

「窮迫した生活」という言葉の意味は、最初に書いたように「行き詰まってどうしょうもならなくなる生活」のことです。ですが、漢字「窮」の意味がわかると、イメージがしやすいのではないでしょうか。

「窮迫」とは、経済的に苦しくなって、「どうしていいのかわからない。クネクネと身体を曲げながら苦しい生活を余儀なくされる状態」なのです。

さて、「窮迫」を避けるための英語のことわざに、次のようなものがあるのでご紹介しておきます。

Industry is fortune's right hand, and frugality her left.

「インダストリー」と聞くと、「産業」と思う人も少なくないかもしれませんが、実は「勤勉」というのが本来の意味です。

また「frugality」という言葉は「倹約」を意味します。

「勤勉は成功の右腕、倹約は成功の左腕」、世界の成功者で勤勉であることを楽しまない人はありません。

つまり、「無窮」の中に楽しむことこそが、「窮迫」しない唯一の方法なのです。

内聞（ないぶん）

――うちききとは不倫を意味する言葉でもあった

「内聞」という言葉を、最近「内分」と書く人が増えてきました。「聞」と「分」の漢字の音読みが同じだからでしょう。

ただ、電子辞書などでも辞書によっては「内分」という言葉が出てこない場合があります。

それは、実は「内分」という書き方が間違っているからです。

「こっそりと」「表沙汰にしない」

「内聞」というのは、

「内々でこっそり聞くこと」

「表沙汰にしない」

「秘密に」

という意味です。

また「ここだけの話ですが……」という意味で、**非公式に、目上の人に対して、自分が知り得た情報を知らせるようなときの前置き**としても使われます。

「ないぎき」という言い方が江戸時代にはされていましたし、「うちきき」と読めば、人には言えない不倫などの恋愛を意味する言葉でもありました。

偏頗（へんぱ）

――「えこひいき」という言葉は子供じみている

偏頗という言葉を使いこなせる人は、語彙力の上級者です。「偏」を「ヘン」と読めても、「頗」を「ぱ」と読むことができる人は、非常に少ないでしょう。

「頗」という漢字は、「頗る」と書いてあれば読めるでしょうか。「すこぶる」と読みます。「非常に」「とても」という意味です。

「偏」が「片寄（かたよ）る」という意味ですから、「片寄ってとても」という**「偏頗」は、「かたよっ**

て不公平なこと」「依怙贔屓（えこひいき）」という意味になります。

さて、「頗」という漢字はあまり使わないものなので、説明しておきましょう。よく見ると、「皮」と「頭」を意味する「頁」とから成り立っています。「皮」と「頭」とが合わさって何を意味するというのでしょう。

「皮」は、もともと「皮膚」を言いますが、「波」「坡」などにも見られるように、表面が傾いていることも意味します。

「頗」とは、「頭が傾いた状態」を言うのです。

「依怙贔屓」という言葉は子供じみていますが、「偏頗」を使えば、いきなり社会人らしい表現となります。

社長が部下を「依怙贔屓」するのはよくない。

社長が部下を「偏頗」するのはよくない。

必ずしも難しい言葉を使うのがいいと言っているわけではありませんが、人があまり使わない漢語を使うと、周りの人は「この人は、教養があるな」と感じてくれるものです。これは古今東西、どこにでもある評価です。

Vocabulary

第七章

社会人としての評価をもっと上げる語彙

一段上のレベルの言葉を身につけ、使いこなす

機知（きち）に富（と）む

――「頭がいいですね」という表現は稚拙な印象を与える

最後の章として、あなたの評価をさらに一段上げるための語彙についてお話ししていこうと思います。

たとえば「君、頭がいいね」というような言い方をされて、嬉しいのは小学生から高校生くらいまででしょう。

大学に入って「学生」と呼ばれるようになり、社会人になって独り立ちをした人に

「君、頭がいいね」と言ってしまうと、言ったほうの評価が下がってしまいます。少し稚拙な表現だからです。

言葉というものは、通じればそれでいいというものではありません。「頭がいい」ということを伝えるにも、言い方というものがあります。

さて、「機知に富む」という言葉の意味を知ってはいても、実際に使ったことがある人は少ないのではないでしょうか。

「臨機応変な対応ができる」というような意味、あるいは「企画力がある」「ユーモアのセンスを持った人、エスプリの利いた人」というような様々な意味が複合的に込められた言葉で、しかも**中国の古典を踏まえた深い言葉なので、使うと評価を自ずから上げることになります。**

「機械あれば、必ず機事あり。機事あれば、必ず機心あり」

という故事成語があります。中国の古典『荘子』に見られる言葉です。

あるとき、孔子とその一行が、井戸で水汲みをしているひとりの老人に会いました。

なんと井戸から水を上げるのに、縄につけた桶（おけ）を井戸に下ろして引っぱっているのです。

なぜ、老人は滑車を使わないのか？

孔子の弟子のひとり、子貢（しこう）が言いました。

「滑車というものがあるのを知らないのですか？」

おじいさんはこれに答えて言いました。

「もちろん知っている。力をほとんど使わずに重い水を上げることができる機械だろう」

「それをご存じなのに、どうしてお使いにならないのですか？」

「滑車を直す術を知らないからだ。機械は便利な道具だが、壊れてしまえばどうすることもできない」

対処できない事態、つまり「機事」が起こり、機械に頼る心「機心」が一度宿ってしまうと、もう機械がなかった時代に戻ることはできない。こうして人は五感の感覚を失い、自然から遠ざかっていくことになるということです。

『荘子』は、無為自然（むいしぜん）という思想を説いた人で、人為的を絶対的に否定しようとします。

『荘子』の思想は別として、現代を生き抜くためには「機械」「機事」「機心」というものを知り、かつ「機知」を持って生きていくことが必要です。

「機知」とは、**「その場の状況に応じて素早く働く才智（才能や知恵）」**を言います。

また、「機転を利かす」ことができれば、苦しい状況を、明るく元気に乗り越えることもできるでしょう。

「機知に富んでいるね」と、人をほめるときに「機械」「機事」「機心」「機知」「機転」などの言葉を同時に思い浮かべてください。

言葉というもの、特に漢語というものは、様々なレイヤーというのでしょうか、たくさんの層、積み重ねた意味を持っています。

こうした層のあることを知っていると、言葉に自然と重みが増すものです。

あまつさえ

——世界のエリートは副詞に感情を乗せる技術を身につける

名詞、動詞、形容詞、形容動詞、助詞、助動詞。文法用語を耳にしたら、うんざりする人も少なくないかもしれません。

全く文法なんて知らなくても、話はできますし、いい文章を書く人はたくさんいます。

しかし、用事だけをストレートに伝えるというのであれば、それでいいのですが、「社

会人としての価値を上げるための語彙」という点で言えば、「副詞」だけでもいいので、気をつかうようにするといいでしょう。

実は、アメリカやイギリスなどのエリートと呼ばれる人たちは「副詞」を学び、そこに自分の気持ちを乗せる技術を身につけます。

副詞には、たとえば、

状態を表す：すぐに　ときどき　やっと　よく　そっと

程度を表す：とても　もっと　かなり

叙述（陳述・呼応）する：「決して～ない」「到底～できない」「なぜなら」「だから」

指示を表す：「こう」「ああ」「どう」「そう」

などがあります。

「なんだ、簡単じゃないか」と思われるでしょう。そうです。いつも使っている言葉なのです。

できる人は〝程度を表す副詞〟を使いこなす

しかし、程度を表すような副詞である「はなはだ」「めっきり」、あるいは「あまつさえ」というような言葉を使うと、その人の言葉は格段に品格のあるものに感じられます。

「あまつさえ、本来の目的たる渋谷スカウトにはものの見事に失敗している」
（森村誠一『大都会』ＫＡＤＯＫＡＷＡ）

「あまつさえ、さっきまで降っていた雨が止み、太陽が顔を出した」
（東海林さだお『ショージ君のぐうたら旅行』文藝春秋）

「あまつさえ、このことに興奮しているようにさえ見えた」
（宮部みゆき『震える岩　霊験お初捕物控』講談社）

「あまつさえ、ドイツに向かうことを信じていた私の部下が公然と不満を表明し、私は不安を禁じ得なかった」

（ハモンド・イネス／池央耿訳『孤独なスキーヤー』早川書房）

「あまつさえ」というのは、「その上」という意味と「驚いたことに」「あろうことか」という意味があります。

例文の前の二つは「その上」という意味で使われています。宮部みゆきの例は、「驚いたことに」という意味だと考えられます。

最後の『孤独なスキーヤー』に見えるのが、「あろうことか」という例に当たるでしょう。「その上」「驚いたことに」「あろうことか」と言ってももちろん構いません。

ですが、現代でも、宮部みゆきさんはもちろん、綾辻行人、赤川次郎、故人ですが三島由紀夫、北杜夫、谷崎潤一郎などの文豪は、「あまつさえ」という言葉をよく使っています。

読んでわかるというだけでなく、実際に自分で使えるようにしておくと、語彙力の違いを人に見せつけることができるのです。

いみじくも

――「形容詞」＋「助詞」をさらっと言うと大人の品格が出る

「あまつさえ」と似たような言葉に、「いみじくも」というものがあります。

こちらは副詞ではなく、形容詞「いみじ」の連用形に助詞の「も」が付いた言葉です。

ちょっと相手を煙に巻くように、文法の用語をちらっと言うのは、まるで数学の方程式をサラリと言うのと同じように、恰好(かっこう)いいものです。

さて、「いみじくも」というのはどういう意味で使う言葉でしょうか。

「まことにうまく」「適切にも」「巧みにも」「まさに」「よくも」と、これだけの意味が「いみじくも」の一言にはあります。

「尚文の母親がいみじくも教えてくれたではないか」
（岩井志麻子『恋愛詐欺師』文藝春秋）

「そんな次第で、僕は西暦八十二万七千七百一年の世界でいみじくもそれを目撃したと言わざるをえない」
（H・G・ウェルズ／新庄哲夫訳『タイム・マシン』グーテンベルク21）

「柳生家とは、われながら、いみじくも思い付いたものだと自分で感心する」
（吉川英治『宮本武蔵』新潮社）

「いみじくも」のもとになった「いみじ」とは、善くも悪くも、程度のはなはだしいことを表します。そのもとは「忌む」に否定推量の助動詞「じ」が付いたもので、「忌むことなく」で「よくも、ほんとうにな」というような意味から、現在のような意味になったと考えられます。

それにしても**こうした言葉は間違った使い方をすると、聞いている人もよく意味がわからなくなってしまいます。**どうぞ、普段から使用をして、使い慣れておきましょう。

独壇場（どくだんじょう）

――一段高い所で自分勝手に

「擅」という漢字は、漢文を読んでいると時々現れる言葉で、「ほしいまま」と読みます。「欲しいまま」としたほうが、わかりやすいかもしれません。

意味は、「自分の思いのままに振る舞うこと」「思い通りにする」ことです。

たとえば「禍福（かふく）を擅（ほしいまま）にす」という言葉がありますが、これは「権威を乱用して、勝手に人を賞したり罰したり、また人の地位を上げたり地位を下げたりすること」を言います。

「自分勝手に好き放題する」という意味で、**「独擅（どくせん）」という言葉があったのですが、あるとき、誰かがこれを間違って「独壇」と書いてしまいました。**明治時代になってからのことです。

「独擅」と「独壇」の違いがおわかりでしょうか。

「擅」と「壇」、「扌」と「土」が違います。そして音読みもこの二つは異なります。「擅」の方は「せん」、「壇」は「だん」です。

「壇」の意味は、「演壇」「壇上」などと言いますが、聴衆より一段高い所で話したり歌ったりする場所です。

　意味も違う、発音も違う、ところがよく見ないとわからないこの「擅」と「壇」の書き間違いで、本来「独擅場」と書くべき言葉が「独壇場」という言葉に、いつの間にか代わってしまったのです。

　それは、明治時代になって、「擅に」という言葉を人が使わなくなってしまったというのが一番大きな原因です。

なんとなく似ているが主流は「独壇場」

ただ、おもしろいのは、「独擅場」が「自分勝手に好き放題する」というのに対して「独壇場」が「自分勝手に、壇上で自分の意見を述べたり、自分の好きな歌を歌ったりする」という意味で、なんとなく似ている部分があることです。

今となっては「独擅場」と書いて「どくだんじょう」というほうが主流になって、「独擅場」と書いて「どくせんじょう」と言っても、ほとんどわかる人がいなくなってしまいました。

縷説（るせつ）する

――良く言えば「丁寧」、悪く言えば「くどい」

ダラダラと話をする人がいます。話を聞いていて内容をよくつかめなかったり、時間を取られてしまうのは困ったものです。

「話上手は、聞き上手」と言われますが、話が短いことも「話し上手」の条件のひとつでしょう。

ただ、話の次第によっては、懇々と丁寧に詳しく話すことが必要な場合もあるでしょう。そんなときの話し方を「縷説する」と言います。

「縷」という漢字は、「事情を縷々説明する」というように「事情を詳しく説明する」というようなときにも使われますが、なかなか難しい複雑な形をしています。

この場合、「女」は「女性」という意味ではない

少し説明しておきましょう。

「縷」という漢字の左側は「糸」です。

右側は「婁」です。

「楼」という漢字も、旧字体であったときには「樓」と書かれていました。ですから本来なら、「縷」の右側も「米女」と書かれればいいのですが、使われることが少ないこともあって、「縷」と旧字体のまま残されています。

ただ、この旧字体の「婁」のほうが、もともとの「縷」の意味もわかりやすいと思います。

「女」の上の部分は、紐でグルグルに巻いていることを表しています。

そして、「女」はこの場合、「女性」という意味ではなく**「なよなよとして、どこまでもダラダラと続いていること」**を表します。

「縷」は、グルグルなよなよとして、どこまでも続いている「糸」なので、「縷々とした話」と言うと、終わることのない話ということになるのです。

悪く言えば「くどい話」ということになるでしょうが、「くどさ」を感じさせることなく、スッキリと論理的に、美しく長くなる説明をうまくできたら「縷々とした説明」をしても、嫌がられることはないかもしれません。

それにしても、縷説をする必要がないときは、話は短く歯切れ良くするようにしたほうが「話し上手」とも言われていいでしょう。

スキーム

――カタカナ用語をまとめて覚えておこう

英語のビジネス用語が、そのまま日本語の中で使われることが非常に多くなってきました。

よく聞く言葉でも、しっかりと意味がつかめていなければ、話の内容を理解することはできません。

また当然ですが、間違った使い方をしていては恥をかいてしまいます。最後の章なので、いくつかまとめて紹介しておきましょう。

◉スキーム　scheme

これは英語では、「注意深く練られ組織立った計画、政府などが行なう事業計画」また「陰謀、策動。組織、機構、体系」などたくさんの意味がありますが、日本語の場合は「枠組みをきちんとつくった計画」という意味で多く使われています。「法的なスキームに関する国際間の問題は、慎重に扱わなければなりません」、「この事業のスキームには、時系列に問題があると思われる」などと使います。

◉コンプライアンス　compliance

企業が、法令や社内規定、マニュアル、企業倫理、社会貢献を遵守(じゅんしゅ)することです。もともとの英語の意味は、「要求、命令などに従うこと」「人の願いなどをすぐに受け入れること」というものなのですが、我が国では、ほとんど「法令遵守」という意味で使われています。

◉マイルストーン　milestone

マイルストーンという言葉は、「マイル」と「ストーン」に区切って考えてみましょう。「1マイルごとに、置かれた石」ということであれば、「到達したい場所への標識」であることがわかるかと思います。

言い換えれば、「各作業、各仕事の工程目標」です。「マイルストーンを設定して、仕事をすることにしよう」というような言い方がよくされています。

◉デフォルト　default

パソコンに詳しい人なら、「デフォルト」という言葉はよく聞かれるのではないかと思います。「初期設定」という意味です。

ただ、金融関係では「債務不履行」という意味で、この言葉が使われます。

新聞に「日本は、デフォルトに陥ったときのリスクを想定していなければならない」という言葉はよく載せられています。

カタカナのビジネス用語は、よく意味を理解せずに使う人が多く、時々意味合いが捉えづらい場合もあります。聞いていてよく意味がわからなかったときは、必ず「もっとわかりやすく説明してください」とお願いすることを忘れないようにしましょう。カタカナのビジネス用語は、基本的には自分では使わず、意味を理解するために知っておくと意識しておきましょう。

分限者（ぶんげんしゃ）

――「士農工商」が終わり「公務員」が出てきて現れた言葉

「分限者」という言葉の読み方は二つあります。「ぶんげんしゃ」と「ぶげんしゃ」です。「ぶんげんしゃ」と読んだら間違いだとおっしゃる人も少なくありませんが、江戸時代の初期からすでに、二つの読み方がありました。

この言葉の意味は、**「身分の高い人」「才能のある人」「お金持ち」あるいは、これらを兼ね備えた人**というものです。

「分限者」とあるから「分限のある人」という意味なのですが、さて、それでは「分限」というのは何を言うのでしょうか。

「分」とは身分のことです。

「限」とは、「可能の限度」の意味です。

つまりどれだけ自分ができるか、あるいはお金を払えるかということを知っている人のことです。自らの限度を知るためには、それだけの力がないといけないからです。

ただ、「士農工商」という「身分」というのは、明治時代になってなくなってしまいました。そこで新しく出てきたのが「公務員」です。

「分限」という言葉は、明治時代以降「公務員の身分保障、免職、休職、転職の可能性」という意味で使われるようになります。

明治時代から戦後までの公務員の規則集には「分限」という言葉が使われていますが、今ではほとんど使われていないようです。

「お金持ち」「才能がある人」あるいは「自分の経済力や才能の限界を知る」というので「分限をわきまえる人」という使われ方はまだ残っています。

師事(しじ)・兄事(けいじ)

——尊敬しながら技を盗む

「弟子にしてください」と、頼み込んで、師匠に技を習うというようなことがよくあります。そこにはすでに兄弟子もいて、師匠を中心に、早く弟子入りをした人たちから順番になったヒエラルキーがある。一番新しく入った弟子は、師匠に対して「師事し」、兄弟子に対しては「兄事」しなければならない。

職人さん、あるいは落語家さんたちの世界はこのようにして成り立っていました。

私の専門の中国文献学や古典学の研究者の世界でも、そうした「徒弟制度」のようなものが残っているような気がします。

なぜなら、**経験を積み重ねてきた技術、あるいは代々ずっと伝えられてきた特別な解釈などは、自分ひとりではどれだけ頑張っても決してわからない**からです。

「技術は、習うより盗め」と言われますが、教えてもらったり、盗ませてもらうためには、師匠や兄弟子たちに対する尊敬の念がなくてはならないのです。

この尊敬の念が、態度として表れるのが「師事」「兄事」の「事」ということです。

「仕事」という日本語は、英語では、「ビジネス」と「ワーク」という言葉で表現されるのではないかと思います。

「ビジネス」とは「利益を目的とするもの」、「ワーク」は「目的を持って努力して行なう仕事」というのが本来の意味だとアメリカ人の友人は言っていました。

日本語での「仕事」とはどういう意味なのでしょうか。これは、明治時代につくられた造語です。江戸末期から明治の戯作（げさく）文学者として知られる仮名垣魯文（かながきろぶん）が『安愚楽鍋（あぐらなべ）』（1871年）で使ったのが、初出とされています。

1871年と言えば明治4年で、廃藩置県が行なわれて戸籍法が布(し)かれすべての日本人が姓と名を持つようになり、官吏の給与が日給制から月給制になった年です。『安愚楽鍋』で、魯文は、「製茶、養蚕が盛んになって老少婦女子のよい仕事さ」と書いています。

アメリカと日本の言葉の捉え方の違い

「仕事」の「仕」は「身分の高い人の側で役目につくこと」、「事」は「人の用命に応じたり、問題を処理すること」というのが原義です。

「仕」は、もともとは「身分の高い人に仕えること」でしたが、現代でも「奉仕」という言葉が使われます。これは「ボランティア」という言葉と同じ意味で使われますが、私益を度外視して、人に対して何かをするということです。

「ビジネス」は、「仕事」の「事」のほうに当たります。人から依頼されたことに対応したり、他人が抱えている問題を処理することによって報酬を得ることだからです。

たとえば、株を買いたい人、売りたい人があれば、その人たちの要求に合ったものを代わりに買ったり売ったりする証券マン、裁判になるほどの揉め事を解決する弁護士などの職業は、まさしく「事」であって現代の言葉からすれば「ビジネス」に当たります。

ビジネスとは、自分ができないことを他の人にやってもらうというように、他人の欲求、他人の困難がなければ発生しないことなのです。

「師事する」、「兄事する」というのも、「ビジネス」と言えるでしょう。しかし、そこには必ず「尊敬」の思いがなくてはなりません。

「ビジネスライクに」という言葉が、アメリカ的なとてもドライな「ビジネス」を表すとするならば、「師事」「兄事」という言葉には、東洋的な師弟関係の深さというものがあるのではないかと思います。

アメリカという、古い伝統のない国だからこそ生まれてきた良さと、古い伝統がずっと続いているからこそ存在する東洋の「仕事」ということの意味を両方身につけることができるのが日本人なのです。

雅致(がち)がある

──「侘(わ)び寂(さ)び」を感じさせる言葉を使える大人になろう

私はヨーロッパに10年ほど暮らし、中国などにも時々参りましたが、日本ほど四季の変化を感じられる国はないと実感しています。

私は、お酒を嗜(たしな)まないので味はよくわかりませんが、その分、料理をおいしくいただきます。春夏秋冬、季節の食材が移り変わり出てくるのは、とても楽しく、ありがたいことです。

しかし、その料理が味気ないお皿に醜く盛りつけられていたら、その味わいは半減してしまいます。

美食家として知られた北大路魯山人（きたおおじろさんじん）は、料理の味はもちろんですが、料理を盛りつけるための陶器、その料理をいただくときに掛ける絵や書などにも心を配りました。

材料が持つ味を上手に引き出したおいしい料理を、最もふさわしい場でいただくということほど素晴らしいことはないのではないかと思います。

食事は、人が生きるための基本です。魯山人ほどのこだわりを求めることは難しいかもしれませんが、毎日いただく香の物や梅干しを乗せるような小さな器でも「これはいつ見ても飽きないな」と思えるような物を買い求めてみるのはいかがでしょうか。

いくつか目につくようなものを、掌（てのひら）に抱えて横から眺めたり、ひっくり返して見たりして「これは白菜の一夜漬けの緑に合いそうだ」とか、「梅干しの赤が映えそうだ」と考えるのはとても楽しいものです。ぴったりの風雅な趣きがあるものが見つかったら、「雅致があるな」と表現してみてください。

象牙が高価な本当の理由

「雅」という漢字は訓読みで「みやび」と読みます。

「みやび」は「上品なこと、都会風で洗練された」というような意味を持つ言葉ですが、「洗練された」というのがどのようなことかを知るには、漢字の成り立ちを見るのが一番です。

「雅」という漢字の左側には「牙」という字が見えます。「牙」は尖っていて目立つものです。たとえば、ゾウの牙は「象牙」と言って非常に高価なものでした。象牙には、他の物とは比べることができないほどのみずみずしい美しさが漂っているからです。

こんなふうに、何か他のものとは違って浮き出て見えるものが「牙」なのです。

さて「雅」の右側には「隹」がついていますが、これはもともとは雀のような小鳥を意味しました。

つまり「雅」という漢字は、小さくても何か他とは違う美しさを湛（たた）えているものを言うのです。

しかし、「雅」と「雅致」とでは、ちょっとニュアンスが違います。

先の話で言えば、器だけでも何か他のものとは異なる「みやびやかさ」を持っているかもしれませんが、何かと一緒になったときにこそ、お互いの持つ良さが引き立て合ってさらにいいものになるという場合があります。

そうした意味で「一致する」という意味の「致」という漢字が「雅致」にはついているのです。

ですから、「雅致があるな」というのは、たとえば「この器にキュウリの香の物を乗せたら、キュウリの緑をうまく引き立ててくれそうだな」という意味になります。

そう言うと、一つひとつの食べ物に合う「雅致があるもの」をたくさん集めなければならないような気になってしまいますが、そんな必要はありません。目立つものばかりを並べると、かえって主張し合って良さを半減させてしまいます。

「侘び寂び」と言われるような簡素さの中にこそ「雅致があるもの」を見つけることが肝要なのです。

一竜一猪（いちりょういっちょ）

――初めは同じでも、後々大きな差となって表れる

通っていた学校の玄関に、「一竜一猪」という掛け軸が掛かっていたという人もいらっしゃるのではないでしょうか。

「竜」は、魚の鯉が懸命に努力し、最後の難関である急流の滝を上って変化したものとされます。

「猪」は、日本語では「いのしし」ですが、中国では「豚」のことです。

「一竜一猪」とは、**学問に邁進するとしないとでは、あとになって「竜」と「豚」のような遥かな違いとなって表れるという意味**の言葉です。

これは唐の詩人、韓愈（かんゆ）（768～824）が書いた「符、書を城南に読む」と題された長い詩の一節に見えています。

「符（ふ）」というのは、18歳になったばかりの韓愈の子供ですが、韓愈はこのとき、すでに48歳になっていました。

詩の中で韓愈は、次のように言っています。

「ある二軒の家に、子供が同時に生まれた。抱っこしてあやしている頃は、どちらもほとんど変わらない。

少し大きくなって遊んでいるところは、水の中で集まって泳いでいる小魚のように、まだ全然違いはわからない。

ところが12、13歳くらいまで大きくなると学問をする子供は頭角を少し現して、学問をしない子供との違いが見えてくる。

そして、これが20歳ともなれば、片や清らかな溝のように見えるものが、一方は泥の溝のようで全く違う世界に生きることになる。

30歳、立派な大人に成長して、もはや自分を変えることができない年齢になったときには、一方は竜、一方は豚になってしまっている」

当時、「人生は50年」と言われていました。

自分の命が、もうそんなに長くないことを韓愈も感じていたに違いありません。だからこそ、自分の子供に、「符よ、学問をして自分で道を切り開いて行くんだよ」と諭したのです。

釣果（ちょうか）

——意外と「つり」と呼んでしまう人がいる
聞きなれない言葉

釣りに行った人に「魚、釣れた？」「どれくらい釣れた？」と、普通なら聞くでしょう。

「釣果はどうだった？」と聞く人は、今ではもうほとんどいません。

「釣」は「釣り」と読みます。それで「釣果」を「つりか」と、間違って読む人が少なくありませんが、「ちょうか」と読むのが正しい読み方です。

「釣」という漢字の読み方に、「ちょう」という読み方があることは知っておいたほう

がいいでしょう。

北京に行かれることがあったら、一度は泊まってみたいホテルの名前として「釣魚台（ちょうぎょだい）」を覚えておくといいかもしれません。

北京の天安門広場北の長安路をまっすぐ西に行くと（地下鉄一号線、木犀駅）、玉淵潭（ぎょくえんたん）公園という金王朝（１１１５～１２３４年）の時代からある宮廷庭園があります。

金の章帝はここに、釣魚台という建物を建てて釣りを楽しんだと言われますが、清朝、乾隆帝はこの建物を整備し、国内外の賓客を迎えて宿泊させる「迎賓館」としました。

以来、釣魚台は、「釣魚台国賓館」という名称で呼ばれ、２０００年頃まで迎賓館として使われてきましたが、最近は一般の人も泊まることができるようになりました。

重要な国際会議が開かれたり、国賓の人たちが泊まる所なので、食事ももちろんサービスも他のホテルとは格段に違います。

新聞などにも時々、ここで重要な会議が開かれたと書かれたりしますが、「つりうおだい」としか読めないと、ちょっと恥ずかしい感じがします。

また、「釣果があった（なかった）」というのも、政治や経済の世界では、たとえとして使われる場合があります。

なぜ、太公望は釣りをしていたのか？

あるとき、自民党幹事長室を訪ねる機会があったのですが、歴代自民党総裁の写真が掲げられており、鈴木善幸と大平正芳の間にひとつの日本画が掛けてありました。

中国古代の**鎧冑に身を固め、赤く長い一本の釣り竿を、空に持って身をかがめるひとりの男、「太公望」とも呼ばれる中国古代の軍師、呂尚（りょしょう）を描いたもの**です。

紀元前1050年頃、中国は殷の紂王（ちゅうおう）が悪政を行なっていました。呂尚は、紂王に厭気（いやけ）を感じて軍師を下り、川で釣り竿を垂れていたのです。

「釣り」はたとえです。誰か自分を十分に使ってくれる人はいないか、と呂尚は求めていたのです。そこを通りかかったのが、紂王を倒して新しい王朝を切り拓くことになる、周の文王でした。

文王は、釣りをしている呂尚を見つけると、そばに言って話を始めます。しばらく言葉を交わしていると、文王は呂尚こそまさに自分がこれからやろうとする政策を補佐してくれる得がたい人材であるということに気がつくのです。

同時に呂尚も、この文王こそ理想の社会を実現する王の風格を備えた人物であることを知ります。

そして、文王は呂尚に対して言いました。「我が太公（祖先）が望んでいた賢人こそあなたである」。このときから、呂尚は「太公望」と呼ばれるようになるのです。

意気投合した二人は、王とその臣下として、殷の紂王を倒し、以後、およそ800年続くことになる周王朝をつくり上げる道を切り拓きます。

孔子は文王を聖人であるとし、また太公望である呂尚を優れた賢人として高く評価しました。この話は、司馬遷の『史記』に詳しく記されています。

言うまでもなく、自民党幹事長室に掛けられた太公望の一幅は、良き補佐官であれということを戒めるものであります。

堅忍不抜の志

――何かを成し遂げようとするときの合言葉

蘇軾（１０３７～１１０１）という、中国・北宋の時代の詩人の作品に、「晁錯論」という文章があります。

晁錯（紀元前２００～紀元前１５４）という前漢時代の政治家を論じた名文があります。

晁錯は、創建まもない漢王朝にあった様々な問題を解決して王朝に寄与していたにもかかわらず、反発を受けて民衆の乱を招き、その反乱鎮圧のためとして、見せしめのために殺された不運の人でした。

「国家」と「個人」という問題は、洋の東西を問わず、常に人を悩ませてきました。

我々は、一人ひとり個人としてもちろん生きているわけですが、市民として、国民という政治共同体の中で生きています。

言うまでもないことかもしれませんが、我々は、普通、個人としての成功や名声などを考えて生きていきがちです。しかし、それは同時に「国家」への繁栄にもつながっています。

反対に、あまりにも個人的な欲望を満足させることに力を注げば、「国家」という政治的共同体自体に大きな損害を及ぼすことにもなりかねません。

よかれと思ってやっていることでさえも、実は国家の存在を脅かすことにつながるかもしれないのです。

現代の日本では、こうしたことを考えることはあまりないかもしれませんが、歴史の積み重なりの中で現代の日本があることを思えば、やはり、どんなレベルであれ、「国家」と「個人」ということについて、思いを馳(は)せることも必要なのではないかと思います。

Vocabulary

堅くこらえて、ぐらつくことのない心で達成させる

さて、「堅忍不抜の志」という言葉は、自分より1200年以上も前に亡くなった晁錯の生き方に対して、蘇軾という人が思いを馳せる中で生まれた言葉です。

「堅忍不抜の志」は、「堅くこらえて、ぐらつくことのない心」ということを意味します。どんなにつらいことがあり、どんなに人から非難されようと、自分が立てた誓いを死ぬまで貫くというのです。

「堅忍」の「堅」は、「堅(かた)い」と読みます。これは「土」の部分が「糸」で書かれた「緊」の「引き締める」と同じような意味で、緊張して「堅く」なることを意味します。

「忍」は、「粘り強く、こらえる心」です。

「不抜」の「抜」は、「(髪の毛などが)ぬける」というときに使いますが、それに否定の「不」をつけて「抜けない」という意味になります。

ただ、「抜けない」というのは、別の言い方をすれば、確固としてじっと堪え忍んで、

動じないということを意味します。

また、「志」は「まっすぐに目的に向かう心」を意味します。

つまり、「堅忍不抜の志」とは、**「緊張した状態で粘り強くこらえる心をどんなことがあっても持ち続け、目的を達成させようとする意志」**ということになるでしょう。

蘇軾は、晁錯という人にそういう熱い評価を与えるのです。

一生懸命に生きること、それは自分のためだけでなく家族、国、地球全体にも大切です。

社会に生きる一員として、何かをやろうとしたときに「堅忍不抜の志」を持つことはとても重要なことなのです。

棺を蓋いて事始めて定まる

——座右の銘を持とう

「棺を蓋いて事始めて定まる」

簡単に言ってしまえば、「人は、棺桶に蓋をされてはじめて、その生涯の価値が決まる。**つまり、死ぬまでは人の真価を判断することはできない**」という意味なのです。

実は、これは有名な唐の詩人、後に、詩聖と呼ばれるようになる杜甫（712〜770）が残した言葉です。

「君見ずや、簡蘇徯（君見ずや、蘇徯に簡す）」というタイトルの詩に杜甫は次のように記しています。

蘇徯は、杜甫の友人の子供で当時20歳くらいだったと思われます。タイトルに書いてある「簡す」とは手紙を送るという意味です。

百年死樹中琴瑟
一斛旧水蔵蛟竜
大夫蓋棺事始定
君今幸未成老翁
何恨憔悴在山中

百年の死樹琴瑟に中る
一斛の旧水　蛟竜を蔵す
大夫棺を蓋いて事始めて定まる
君、今幸いにいまだ老翁と成らず
何ぞ恨まん憔悴して山中に在るを

100年前に切り倒された木も琴の材料にされるかもしれない。
見捨てられた池の水にも、もしかしたら龍が住んでいるかもしれない。
同じように、人の価値は、死んでからでなくてはわからない。

君はまだ若い。山の中に隠れて、ふさぎ込んでいるものじゃないよ。

人の価値は死んでからわかる

杜甫は、いつも弱い者の側に立って世の中を見ていました。弱く、苦しんでいる人たちを黙って見ておくことができず、その思いを詩にして彼らに贈ったのです。

詩の中に「君、今幸いにいまだ老翁と成らず」とありますが、このとき、杜甫はすでに50歳を過ぎ、すでに老年となっていました。

自分にはもう残り少ない時間しか残っていない。でも、君はまだまだこれから頑張れるじゃないかと蘇徯を力づけるのです。

一言付け加えておきましょう。

実は、杜甫は生きているころから、詩聖と呼ばれていたわけではありません。彼は、不運のまま、食べる物もなく、お腹を壊して暴風雨の中で亡くなったのです。

詩人としての名声が得られるなど、たぶん、死ぬまで思いも寄らなかったと思います。

ところが、没後300年ほどして、後の人が杜甫の詩を高く評価したのです。

弱い人々、自分の想いを言葉にすることができない人々のために、杜甫は代弁して詩をつくったというのです。

「棺を蓋いて事始めて定まる」とは、自らへの言葉だったのかもしれません。

Vocabulary

終　章

こうすれば、語彙力は自然に高まっていく

数を増やし、質を高めるための技

25歳前後から「語彙の習得数」が極端に下がる現実がある

一章でご紹介した名著『Word Power Made Easy（語彙力を身につけるのは簡単だ）』の著者ノーマン・ルイスは次のような話をしています。

英語を母国語とする普通の家庭で育てられている10歳の子供は、年間に数百の語彙を身につけるのに対し、**25歳前後になると、語彙の習得数は極端に低くなり、平均、年間50語程度になってしまう**と言うのです。

これは、平均的な日本人でも同じです。

そして、年間50語程度を覚えたと言っても、それは必ずしも本当に重要な語彙ではなく、流行り言葉のようなものが大半です。

さて、英語の場合、新しい言葉をつくり出す原動力と言いますか、基本になるのはラテン語です。そしてラテン語をつくり出しているのは接頭語、接尾語と呼ばれるものです。

これを、日本語に当てはめて考えると、日本語の中でも核になっているのは、漢語、漢字だと言うことができるでしょうし、接頭語や接尾語というのは、漢字の偏や旁(つくり)になるでしょう。

根源的に語彙力をつけるためには、英語ならラテン語、日本語なら漢字や漢語を学ぶことが大切なのです。

「急がば回れ」とは、語彙力をつけるために、とても重要なことかと思います。

日本語は〝五七のリズム〟だと覚えておこう

ところで、日本語で人に何かを伝えようとしたときに、何が一番大事でしょうか。

たとえば、筆者の妻はフランス人で、あまり日本語がうまくありません。それでも日本語を並べてなんとか人と会話をしようとするのですが、ほとんど話を聞いてもらえません。

「日本人は、私が外国人だということを知っているから、全然話を聞いてくれないのよ」と言うのです。

しかし、実は彼女が話を聞いてもらえないのは、日本語のリズムが身についていないからではないか、と私は考えています。

日本語は、五七調のリズムが基本になっています。

この五七調のリズムが崩れてしまっていると、人は耳を傾けているのがだんだんつらくなってくるのです。

日本語が五七調を基本にしていることを示す例は、和歌や短歌、俳句を見れば明らかですが、我々が普段使っている言葉を考えても明白です。

「パーソナルコンピューター」を「パソコン」、「ハリー・ポッター」を「ハリポタ」、「焼酎ハイボール」を「チューハイ」など、いろいろな長い言葉を四つの音節にすぐに省略してしまいます。

これは実は、日本語ならではの省略法です。日本語には話したり文章を書いたりするときには、必ず名詞の後に「は」「に」「が」「の」「を」などの助詞をつけないといけないわけです。長い音節の言葉を四つの音節に省略することによって、これが可能になります。

また、七音節の言葉としては、「やってしまった」「困ったことだ」「あーだの、こーだの」など、いくらでも見つけることができます。

もちろん、堅く、礼儀正しい言葉は、五七調のことが多いのは言うまでもありません。「このたびは、かたじけなくも、おまねきに、あずかりまして、ありがとう、ございます」など、五、七の音節です。

つまり、知らず知らずのうちに、我々は、日本語を五音節、あるいは七音節のリズムで話をしているのです。

ところが、これが崩れてくると、「聞きづらいな」となって、人は耳を傾けたくないということになってしまいます。

こうした日本語の調子のことなども、語彙を増やしていくときのちょっとした助けになろうかと思います。

音で本を読んでいく

ここから、語彙を増やすために試す価値があることをお話ししていきます。

読書というと、多くの人は、黙って目だけで書かれているものを読む、いわゆる「黙読」を思い浮かべるかと思います。もちろん、黙読も必要ですが、語彙を身につけるためには、読書のスタイルを音読にしてみることもひとつの方法です。

本来、**言葉というものは、「聞いてわかる」ということが最も大切**なことです。漢文でも和文でも、英語でもフランス語でも、聞いてすんなり耳に入ってくること、理解できることが大切になります。

さて、音読と言っても、二種類あります。すでに録音されているものを聞く方法と、自分の声で録音して聞く方法です。

最近では、アマゾンのオーディオブックなどの配信もあり、こうしたものを手に入れることができるようになりました。これを活用しない手はありません。

アメリカでは、本が出版されるとほとんど同時にそのオーディオブックが発売されます。車での移動中に、「読書」ができるようにです。

ですが、「音読」に一番効果的なのは、自分で録音して、自分の声を自分で聞くことです。はじめは、「自分の声を自分で聞くなんて嫌だ」と思うことでしょう。

しかし、自分の声は、自分の心、自分の脳が一番知っているものです。バイアスがない分、自分の声で録音された言葉はスッと理解することができ、語彙や文章のスタイルも覚えやすくしてくれるのです。

語彙力、文章力をつけるためには、名文と呼ばれるものを、自分で音読し、それを繰り返し聞くことをおすすめします。

能を楽しむ感覚で映画とドラマを楽しもう

もうひとつ、日本語字幕の映画や、テレビドラマを見ることをおすすめしたいと思います。これは、英語やその他の外国語を学ぶときにも、習得の近道になるものです。日本語の字幕がついている日本語の映像、英語の字幕がついている英語の映像、フランス語の字幕がついているフランス語の映像、こうしたものを**耳と目の両方を使って「視聴」することは、語彙を増やしてくれることにとっても役立ちます。**

でも、「視聴」するというのは、受身です。

能動的にこの字幕付きの映像、特に映画を「視聴」する方法があります。それは、映像の中で話している言葉を、「聴きながら書く」訓練をするということです。

「そんな面倒なこと、誰がするのか」とおっしゃるかもしれませんが、特に名画と呼ばれるものの中で話されている言葉を、「聞いて」「写して」「自分で読んで」ということを毎日少しずつでも繰り返してみてください。

1カ月後には、自分でも驚くほど、映画やドラマの中で俳優さんたちが使っている言葉が身についているでしょう。

言葉はリズムだと、先に書きました。いい映画、ドラマの台詞には、いいリズムがあります。

また、台本は、購入することもできます。アメリカの映画やドラマの場合は、台本を購入できるサイトがいくつもありますし、日本語の映画の場合も古書店などで専門に扱っている所があります。

「観劇」しながら、「台本」を読むというのは、映画ドラマを二倍楽しむことにもなります。

といっても、これは新しいことでは決してありません。昔の人は、能を観に行くときには、謡本（うたいぼん）という謡の詞書（ことばが）きが書かれたものを見ながら、自分で小声で謡いながら、舞台で繰り広げられる能を観劇していたのです。「能」を楽しむ方法を、映画やドラマを観るときにも使われてみてはどうかと思うのです。

どんな人と話すと語彙が増えるのか？

人と話しながら、語彙力を高めていくことはとても大事です。

自分だけであれこれ考えることももちろん大切なことですが、考えたことを人に話してみるということ、それから人の意見を聞くということはとても重要なことです。

『論語』（為政）に「子曰く、思いて学ばざれば、則ち殆(あやう)し」という言葉があります。

一般的には、この文章は**「孔子が言った。自分の乏しい知識で思いを巡らすだけで、他人の言葉や、古人の教えを学ぶことがなければ、偏狭な考え方に陥ってしまって、危険なものになる**」と訳されています。

もちろん、これが間違いだと言っているわけではないのですが、「学」という漢字は、旧字体で「學」と書かれました。

この字は「爻」「両手」「冖」「子」を合わせてつくられています。「爻」は「交わること」「両手」は「皆で協力すること」、「冖」は、学校など人が集まる施設、「子」は「学生たち」を意味します。

つまり、たくさんの学生たちが意見を交換し、力を合わせて何かを行なうことが「学」ということになるのです。

ひとりで考えているのではなく、人と話をしたりすることは、視野を広げることにもとても役に立ちます。

それに語彙力という点でも、人と話をすることはもちろん重要です。人にわかってもらうように話せるか、また人の話をきちんと理解できるかという点では「語彙」の豊かさがカギとなるからです。

それでは、どんなところで、どんな人と話すのが、一番勉強になるでしょうか。

それは、やはり「学校」に越したことはありません。

最近では、大学に併設されたアカデミーセンター、各地の新聞社や放送局、またコミュニティセンターなどでの生涯大学などが増えています。こうしたものを活用してどんどん知らない分野を開拓しつつ、語彙を身につけていってください。

日常生活からでも語彙は増やせる

日常生活で語彙を増やすコツは、新聞を読むことです。今では、電子版もあるので、携帯電話でも読むことができます。時代の流れを知ることはとても重要なことですし、新しい語彙が登場するのは新聞です。

さて、私がやっている語彙を増やす方法をひとつ紹介しましょう。

これは仕事柄ということもあるのですが、**古い新聞や雑誌を読むこと**です。我が国は、明治時代になってから、外国の文化や科学技術を取り入れながら、急速に発展を成し遂げます。

その際に「語彙」も急激に増加しました。そして、自分たちで漢字漢語を利用しながら、英語、フランス語、ドイツ語の言葉の訳語をつくったりもしています。

「自由」「人権」「電信」、また哲学用語としての「所為」「当為」などがそうですが、これらの言葉がどこから現れたのか、どうやって誰がつくったのかなどを調べることはとても楽しい作業です。

また、最近は、明治、大正、昭和初期の新聞、雑誌だけではなく、１９６０年代以降の雑誌などを改めて通して読んだりしています。

レトロ趣味と言われればそれまでなのですが、自分が生まれ、育ってきた時代のことを改めて読み返すと、自分が何歳のときに、こんなことが起こっていたのかというようなことがわかって、これほどおもしろいことはありません。

同時に、ある時期流行っていた語彙が、だんだん消えてなくなっていく。また新しい言葉が流行り出すという言葉による「時の流れ」を見ていくこともできます。

「温故知新」という、紀元前500年頃に言った孔子の教えにしたがって、古いものにも目を通しておくことも大切なのです。

中学生の頃にやっていたことを〝大人版〟にして語彙力を高める

ところで、英単語あるいは古語や漢字を覚えるのに、中高生は、単語帳を使っています。

これは非常に効果的なことです。わからない語彙が出てきたら、それを表に書き、その意味を裏に書いて、何度か見返す。

もうひとつ、これは筆者が、英単語を覚えたりするためにやっていることなのですが、パソコンの Key-note やパワーポイントなどプレゼン用のソフトを使うということもとても便利です。

知らない単語や語彙と意味を入力しておいて、あとは、i-Pad やスマートフォンなどで、これをスライドショーにして再生を繰り返すように設定するのです。

24時間、グルグルとこの単語帳が自動的に再生を繰り返しているのを見ていると、いつの間にか単語は頭の中に入ってきます。

完全に覚えていなくても、少なくとも「この言葉はどこかで見た」と思うことができるでしょう。

パソコンのデータは検索すれば見つかりますから、「どこかで見た単語」は、容易に見つけることができるでしょう。

語彙は、意識して身につけなければ、なかなか増えていきません。日々のちょっとしたことが、語彙力の向上につながります。ぜひ、ここでお話ししたことをひとつでも実践してみてください。

おわりに

決して、自慢をするために言うわけではありません。その反対のことを言うために、あえて恥ずかしいことを書こうと思います。

私は研究などのために、英語はもちろん、フランス語、ドイツ語、中国語、イタリア語、ラテン語、サンスクリット語、ギリシャ語、他にもウィグル古語や満州語などにも、語学習得のために手をつけました。

このうち、フランス語は妻がフランス人なので、家庭での会話に不可欠でもあるので忘れることはありません。しかし、英語はしばらく使わないでいると、すっかり錆びて、いざというときに口から出てこないという事態が起こることも間々あります。

サンスクリット語やラテン語は、最近ではほとんど文献を読む機会がなくなってしまったので、使い物にならないほどになっています。

言葉とはそういうもので、使わなければすぐに錆びつき、使えなくなってしまうものです。


実は、これは「ハリネズミ」を意味するのです。驚くと丸くなって、背中の針をいっぱいに突き立てる「ハリネズミ」です。「彙」という漢字の「果」は「果物」を意味しますが、これが丸くなった「ハリネズミ」の身体を表しています。

「語彙力」の「彙」という漢字は、もともとどういう意味を持つものか――。

「針がいっぱい出ている」、つまり「広く出ていく」という意味で、言葉の集まりを「語・彙」という言葉で表すようになったのです。

ひとつの核となる言葉を中心にして、どんどん広がっていく語彙。しかし、使わなければ、これらはどんどん「針」のように錆びていってしまいます。

「読み、書き、聞き、話す」という訓練を、たえず行なっていくことが大切です。1日は24時間しかありませんが、言葉に触れない時間というのは、睡眠中以外ほとんどありません。

意識的に、新しい分野を開拓してどんどん語彙数を増やし、豊かにそれを使う力を養うためには、「読み、書き、聞き、話す」ことを有機的に繰り返しやっていくしか方法はないのです。

さて、最後になりますが、本書の編集を行なってくれた森下裕士君は、大学時代、私のゼミにいました。編集者となった森下君から本書執筆の依頼を受けたときには、涙が出るほど嬉しく思いました。たくさんの著名な著者の方々から鍛えられ、編集としての技量を身につけた森下君が、筆者の本を編集してくれたことに、衷心より御礼を申し上げたく思います。

また、こうした本を書く機会をくださったワニブックスの内田克弥様にも深く御礼を申し上げる次第です。

二〇一六年十一月吉日

山口謠司　拝

プロデュース　森下裕士
デザイン　西垂水敦、坂川朱音（krran）
校正　広瀬泉
編集　内田克弥（ワニブックス）

語彙力がないまま社会人になってしまった人へ

著者　山口謠司

2017年1月1日　初版発行
2017年9月10日　8版発行

発行者　横内正昭
編集人　青柳有紀

発行所　株式会社ワニブックス
〒150-8482
東京都渋谷区恵比寿4-4-9　えびす大黒ビル
電話　03-5449-2711（代表）
　　　03-5449-2716（編集部）
ワニブックスHP　http://www.wani.co.jp/
WANI BOOKOUT　http://www.wanibookout.com/

印刷所　株式会社美松堂
DTP　佐藤千恵
製本所　ナショナル製本

ISBN978-4-8470-9530-6